The YouTube Blueprint Book

अमन चौहान

ISBN 979-8-89929-434-1

(किताब का Disclaimer)

इस किताब में यूट्यूब, फेसबुक, इंस्टाग्राम, ट्विटर, और टिकटॉक जैसे कई सोशल मीडिया प्लेटफॉर्म्स के बारे में विस्तार से बताया गया है और उन पर कैसे ग्रो किया जाए, इस पर भी चर्चा की गई है। लेकिन कृपया इस बात का ध्यान रखें कि आप जिस भी देश में रहते हैं और जिस सोशल मीडिया प्लेटफॉर्म का इस किताब में उल्लेख किया गया है, अगर वह आपके देश में उपलब्ध नहीं है या प्रतिबंधित है, तो उस जानकारी को पढ़ना आपके लिए आवश्यक नहीं है। जैसे कि भारत और कुछ अन्य देशों में टिकटॉक प्रतिबंधित है, इसलिए इस किताब में टिकटॉक के बारे में दी गई जानकारी उन देशों के पाठकों के लिए नहीं है जहां टिकटॉक प्रतिबंधित है। यह जानकारी केवल उन पाठकों के लिए है, जिनके देश में टिकटॉक उपलब्ध है।

इसी तरह, जितने भी अन्य लोकप्रिय सोशल मीडिया प्लेटफॉर्म्स का इस किताब में उल्लेख किया गया है, वे जिन देशों में उपलब्ध हैं, वहां के पाठकों के लिए ही उपयोगी हैं। जिन देशों में ये प्लेटफॉर्म्स नहीं चलते, वहां के पाठकों के लिए यह जानकारी उपयोगी नहीं होगी। लेकिन यदि आप चाहें, तो इन प्रतिबंधित प्लेटफॉर्म्स के बारे में पढ़ सकते हैं, क्योंकि उनमें से कुछ स्ट्रैटेजी अन्य सोशल मीडिया प्लेटफॉर्म्स पर आपके लिए लाभकारी हो सकती हैं।

यह किताब विभिन्न देशों में लॉन्च की जाएगी और धीरे-धीरे अलग-अलग भाषाओं में उपलब्ध होगी। इसी वजह से, मैंने इस डिस्क्लेमर में इन बातों को विस्तार से स्पष्ट किया है ताकि पाठकों को पढ़ते समय यह बात ध्यान में रहे।

इस किताब में जिन सोशल मीडिया प्लेटफॉर्म्स की नीतियों, शर्तों और मोनेटाइजेशन क्राइटेरिया के बारे में बताया गया है, वे समय-समय पर बदल

सकती हैं। इसलिए आपको इन बदलावों के प्रति सतर्क रहना होगा और समय-समय पर इनकी जानकारी अपडेट करते रहनी होगी।

इस किताब में जितने भी सॉफ़्टवेयर, ऐप्स, वेबसाइट्स, वीडियो एडिटिंग संसाधनों और थंबनेल डिज़ाइनिंग टूल्स के बारे में बताया गया है, उनकी कीमतें भी समय-समय पर बदल सकती हैं। ये कीमतें कंपनियों की नीतियों पर निर्भर करती हैं, इसलिए इनकी जिम्मेदारी हम पर नहीं होगी। जब इस किताब को लिखा गया, तब के अनुसार जो जानकारी उपलब्ध थी, उसी के आधार पर यहाँ विवरण दिया गया है। लेकिन भविष्य में कोई भी बदलाव आए तो उसके लिए हम जिम्मेदार नहीं होंगे।

इस किताब में दिए गए ज्ञान को कई वर्षों के शोध और विभिन्न विशेषज्ञों के अनुभव से इकट्ठा करके सही और सटीक रूप में प्रस्तुत किया गया है। हमने इस किताब में हर जानकारी को स्टेप बाय स्टेप और सही तरीके से समझाने की कोशिश की है।

हालाँकि, हम यह दावा नहीं कर सकते कि इस किताब से आपको कितनी सफलता मिलेगी, कितने समय में मिलेगी, या आप कितना पैसा और नाम कमा सकेंगे। आपकी सफलता आपके प्रयासों, मेहनत और ईमानदारी पर निर्भर करेगी।

आपके हाथों में यह किताब सौंपते हुए हमें बहुत खुशी हो रही है। इसमें हमने 33 अध्याय शामिल किए हैं और हर विषय को आसान और सही तरीके से समझाने की कोशिश की है। हमारा उद्देश्य है कि यह किताब आपके लिए फायदेमंद और ज्ञानवर्धक हो।

हमने पूरी मेहनत और ध्यान से यह किताब तैयार की है, लेकिन अगर इसमें कोई गलती रह गई हो—चाहे वह टाइपिंग की हो, भाषा की हो, या किसी जानकारी में—तो कृपया हमें बताने का कष्ट करें। आपकी मदद से हम इन गलतियों को सुधार पाएंगे।

हमारी भाषा पर एक नजर

इस किताब को मुख्य रूप से हिंदी में लिखा गया है। हमने अंग्रेज़ी शब्दों का बहुत कम उपयोग किया है और कई अंग्रेज़ी शब्दों को हिंदी में लिखने की कोशिश की है। इससे उन पाठकों को मदद मिलेगी, जो अंग्रेज़ी में सहज नहीं हैं। अगर आपको कोई शब्द अजीब लगे या समझने में कठिनाई हो, तो उसे ध्यान से पढ़ें। फिर भी वह गलत लगे, तो हमें बताने में हिचकिचाएं नहीं।

किताब को कैसे पढ़ें?

इस किताब के हर अध्याय को ध्यान से पढ़ें।

अगर कोई बात पहली बार में समझ में न आए, तो उसे फिर से पढ़ें।

अगर फिर भी समझ में न आए, तो किसी जानकार व्यक्ति से मदद लें।

आप ऑनलाइन माध्यमों जैसे वीडियो, लेख, और ई-बुक्स से भी जानकारी जुटा सकते हैं।

हर विषय को गहराई से समझने और सीखने की कोशिश करें।

हमारी मदद लें

अगर इस किताब से जुड़े आपके कोई सवाल हों, तो आप हमसे संपर्क कर सकते हैं।

आप हमसे इन माध्यमों से जुड़ सकते हैं:

WhatsApp number: 9076969276
Email ID: help@myapbooks.com

हमसे संपर्क करने का समय:

सोमवार से शनिवार, सुबह 10:00 बजे से शाम 6:00 बजे तक।

रविवार को हमारा ऑफिस बंद रहता है।

आपके सवालों का जवाब देने में हमें खुशी होगी।

अपना फीडबैक जरूर दें

किताब पढ़ने के बाद, जिस प्लेटफ़ॉर्म से आपने इसे खरीदा या पढ़ा है, वहां अपना फीडबैक जरूर दें।

यह किताब आपको कैसी लगी?

इसमें दी गई जानकारी कितनी उपयोगी रही?

इसमें सुधार की जरूरत है या नहीं?

आपका फीडबैक हमारे लिए बहुत जरूरी है। इससे हमें अपनी मेहनत का पता चलेगा और हम भविष्य में और बेहतर कर पाएंगे। साथ ही, इससे अन्य पाठकों को भी सही फैसला लेने में मदद मिलेगी।

आपसे निवेदन है कि अपनी राय सच्चाई और ईमानदारी से साझा करें।

हमारी यह किताब आपकी सफलता और सीखने की यात्रा में सहायक हो, यही हमारी कामना है।

उम्मीद है कि आपको इस डिस्क्लेमर से पुस्तक के अध्ययन का तरीका समझ में आ गया होगा।

धन्यवाद और शुभकामनाएं!

इस किताब के लेखक (अमन चौहान)

Website: www.myapbooks.com
Email ID: help@myapbooks.com

विषयसूची

अध्याय 1

यूट्यूब की महत्ता, समय की शक्ति, और आपकी सफलता की शुरुआत

सारांश:

इस अध्याय में हम यूट्यूब की महत्ता, उसकी बढ़ती पॉपुलैरिटी, और इस मंच के जरिए लोगों को मिलने वाले असीमित अवसरों पर चर्चा करेंगे। इसके साथ ही, यह भी समझाया जाएगा कि क्यों अभी यूट्यूब पर चैनल शुरू करना आवश्यक है, और इसे न शुरू करने से आप कितने बड़े अवसर खो सकते हैं। हम उन यूट्यूबर्स के प्रेरणादायक उदाहरण भी साझा करेंगे जिन्होंने सही समय पर कदम रखा और अब सफलता के शिखर पर हैं।

विस्तार:

1.1 यूट्यूब क्या है?

यूट्यूब 2005 में शुरू हुआ एक वीडियो शेयरिंग प्लेटफार्म है, जो आज दुनिया का सबसे बड़ा और सबसे प्रभावशाली वीडियो प्लेटफार्म बन चुका है। यूट्यूब सिर्फ मनोरंजन का साधन नहीं है, यह एक ऐसी जगह है जहां लोग अपनी रचनात्मकता को व्यक्त करते हैं, नए स्किल्स सीखते हैं, और यहां तक कि अपना खुद का व्यवसाय भी शुरू करते हैं।

चाहे आप कलाकार हों, शिक्षक, टेक्नोलॉजी एक्सपर्ट, या किसी भी क्षेत्र के पेशेवर हों, यूट्यूब आपको एक वैश्विक दर्शक वर्ग तक पहुँचने का अवसर देता है।

1.2 यूट्यूब की पॉपुलैरिटी

यूट्यूब पर हर दिन 2 बिलियन से अधिक लोग वीडियो देखते हैं। यहाँ हर सेकंड हजारों वीडियो अपलोड होते हैं और लाखों लोग उन वीडियो को देखते हैं। यह पॉपुलैरिटी यूट्यूब को एक ऐसा प्लेटफार्म बनाती है जहां आपको अपनी आवाज़ को व्यापक स्तर पर फैलाने का मौका मिलता है।

यूट्यूब की सबसे खास बात यह है कि यह हर उम्र, हर पेशे, और हर रुचि के लोगों के लिए कुछ न कुछ पेश करता है। यहाँ आपको ज्ञान, मनोरंजन, शिक्षा और हर प्रकार की जानकारी मिलेगी। और यह संभावना बनाता है कि आप भी इस विशाल दर्शक वर्ग से जुड़ सकते हैं और अपनी पहचान बना सकते हैं।

1.3 यूट्यूब चैनल शुरू न करने का नुकसान

यूट्यूब चैनल शुरू न करने का सबसे बड़ा नुकसान यह है कि आप इस विशाल अवसर को खो रहे हैं। यूट्यूब एक ऐसा मंच है जो न केवल आपकी रचनात्मकता को प्रदर्शित करता

है, बल्कि आपको आर्थिक रूप से भी सशक्त करता है। अगर आप आज चैनल शुरू नहीं करते, तो आप क्या खो सकते हैं:

1. प्रतिस्पर्धा में पिछड़ना: हर दिन लाखों लोग नए चैनल बना रहे हैं। यदि आप जल्दी शुरू नहीं करते, तो भविष्य में इस बढ़ती प्रतिस्पर्धा के बीच अपनी जगह बनाना मुश्किल हो सकता है।

2. ऑडियंस बेस खोना: जो लोग आज यूट्यूब पर कदम रखेंगे, वे जल्दी ही अपने दर्शक वर्ग को हासिल कर लेंगे। अगर आप देरी करेंगे, तो भविष्य में अपनी, ऑडियंस बनाने के लिए और अधिक मेहनत करनी पड़ेगी।

3. कमाई के अवसर चूकना : यूट्यूब के जरिए लोग विज्ञापन, ब्रांड साझेदारी, और अन्य तरीकों से लाखों कमा रहे हैं। अगर आप जल्दी शुरू नहीं करते, तो आप इन अवसरों से हाथ धो बैठेंगे।

1.4 सही समय पर यूट्यूब चैनल शुरू करने के फायदे

अब सवाल आता है कि अगर आप यूट्यूब चैनल तुरंत शुरू करते हैं, तो आपको क्या फायदा हो सकता है। सही समय पर यूट्यूब पर कदम रखने से कई फायदे होते हैं:

1. लंबे समय तक कमाई का साधन: यूट्यूब पर अपलोड की गई वीडियो सालों तक व्यूज और पैसे कमाती है। अगर आप आज शुरुआत करते हैं, तो आपके वीडियो लंबे समय तक आपके लिए काम करेंगी।

2. पॉपुलैरिटी और वायरलिटी: यूट्यूब एक ऐसा प्लेटफार्म है जहां एक वीडियो आपकी किस्मत बदल सकती है। अगर आप शुरू से ही सही कंटेंट बना रहे हैं, तो आपकी वीडियो वायरल हो सकती हैं और आप तेजी से ग्रो कर सकते हैं।

3. प्रतिस्पर्धा में आगे बढ़ना: जो लोग अभी शुरुआत करेंगे, वे भविष्य में बढ़ती प्रतिस्पर्धा से बच सकेंगे और एक स्थिर ऑडियंस बेस बना सकेंगे।

1.5 प्रेरणादायक उदाहरण: सही समय पर शुरू करने वालों की सफलता

अब आइए कुछ ऐसे यूट्यूबर्स के उदाहरण पर नज़र डालते हैं जिन्होंने सही समय पर यूट्यूब पर शुरुआत की और अब वे न केवल प्रसिद्ध हैं, बल्कि उनकी आर्थिक स्थिति भी बहुत मजबूत है।

मिस्टर बीस्ट (MrBeast): जिमी डोनाल्डसन (Jimmy Donaldson)

जिमी डोनाल्डसन, जिन्हें मिस्टर बीस्ट के नाम से जाना जाता है, जिमी डोनाल्डसन ने 2012 में यूट्यूब पर कदम रखा। शुरुआत में, उन्होंने साधारण गेमिंग वीडियो और छोटे प्रयोगात्मक वीडियो बनाए। लेकिन 2017 में "100,000 तक गिनती गिनने" वाले वीडियो ने उन्हें जबरदस्त लोकप्रियता दिलाई।

उनके वीडियो मुख्य रूप से महंगे चैलेंज, परोपकारी गतिविधियों, और रोचक प्रयोगों पर आधारित हैं। मिस्टर बीस्ट ने कई लोगों की मदद की, जैसे कि घर बनवाना, दवाइयों का खर्च उठाना, और शिक्षा प्रदान करना।

2025 में, मिस्टर बीस्ट के 388 मिलियन से अधिक सब्सक्राइबर्स हैं। वह यूट्यूब पर व्यक्तिगत रूप से सबसे ज्यादा कमाई करने वाले क्रिएटर हैं। उनकी नेटवर्क वैल्यू अरबों डॉलर में है, और उनके प्रोजेक्ट्स ने कई जरूरतमंदों की मदद की है।

टी-सीरीज़ (T-Series): गुलशन कुमार (Gulshan Kumar)

टी-सीरीज़, जो भारतीय संगीत और सिनेमा का प्रतीक है, T-Series की स्थापना 1983 में गुलशन कुमार ने की थी। डिजिटल युग में, इन्होंने 2006 में यूट्यूब पर अपनी शुरुआत की। यह चैनल मुख्य रूप से बॉलीवुड गाने, रीमिक्स, और भारतीय संस्कृति से जुड़े कंटेंट प्रदान करता है।

2025 में, टी-सीरीज़ के 292 मिलियन से अधिक सब्सक्राइबर्स हैं। यह दुनिया का सबसे बड़ा यूट्यूब चैनल है और भारतीय संगीत को वैश्विक मंच पर ले गया है।

प्यूडीपाइ (PewDiePie): फेलिक्स केजेलबर्ग (Felix Kjellberg)

फेलिक्स केजेलबर्ग, जिन्हें प्यूडीपाइ के नाम से जाना जाता है, इन्होंने 2010 में यूट्यूब पर गेमिंग और "लेट्स प्ले" वीडियोज़ के माध्यम से शुरुआत की। उनकी हास्य शैली और दर्शकों से जुड़ने का अनोखा तरीpका उन्हें अन्य क्रिएटर्स से अलग बनाता है।

हालांकि, उनके करियर में विवाद और आलोचनाएं भी आईं, लेकिन उन्होंने अपनी ईमानदारी और क्रिएटिविटी से सबका दिल जीता।

2025 में, प्यूडीपाइ के 110 मिलियन से अधिक सब्सक्राइबर्स हैं। वह लंबे समय तक यूट्यूब के शीर्ष क्रिएटर रहे और आज भी गेमिंग और कॉमेडी का बड़ा चेहरा हैं।

कोकोमेलन (Cocomelon): जे. जे. जॉन्सन (J.J. Johnson)

कोकोमेलन चैनल की शुरुआत 2006 में बच्चों के लिए शैक्षिक नर्सरी राइम्स और कार्टून प्रस्तुत करने के लिए हुई। इस चैनल की खासियत इसकी उच्च गुणवत्ता वाले एनिमेशन और संगीत है, जिसने इसे बच्चों और माता-पिता के बीच लोकप्रिय बना दिया।

2025 में, कोकोमेलन के 192 मिलियन से अधिक सब्सक्राइबर्स हैं। यह बच्चों के लिए सबसे बड़ा यूट्यूब चैनल है, जो सुरक्षित और मजेदार सामग्री प्रदान करता है।

डूड परफेक्ट (Dude Perfect): टायलर टोनी और टीम (Tyler Toney and Team)

डूड परफेक्ट, जिसे 2009 में टायलर टोनी और उनके चार दोस्तों ने शुरू किया, उन्होंने स्पोर्ट्स और ट्रिक शॉट्स की दुनिया में क्रांति ला दी। उनका पहला वीडियो वायरल हुआ, और इसके बाद उन्होंने मनोरंजन और खेल के अनोखे मिश्रण के साथ यूट्यूब पर अपनी जगह बनाई।

डूड परफेक्ट के 2025 में 61 मिलियन सब्सक्राइबर्स हैं। यह चैनल आज दुनिया का सबसे बड़ा स्पोर्ट्स और एंटरटेनमेंट प्लेटफॉर्म बन चुका है।

लाइक नास्त्या (Like Nastya): अनास्तासिया राइजिन्स्काया (Anastasia Radzinskaya)

अनास्तासिया राइजिन्स्काया, जिन्हें नास्त्या के नाम से जाना जाता है, इन्होंने 2016 में "लाइक नास्त्या" चैनल शुरू किया। यह चैनल बच्चों के मनोरंजन और उनके दैनिक जीवन की मजेदार कहानियां प्रस्तुत करता है।

2025 में, "लाइक नास्त्या" के 127 मिलियन से अधिक सब्सक्राइबर्स हैं। यह बच्चों और परिवारों के लिए पसंदीदा चैनल है।

व्लाद और निकी (Vlad and Niki)

"व्लाद और निकी" यूट्यूब चैनल की शुरुआत 2018 में हुई थी और यह दो भाइयों, व्लाद और निकी, के मजेदार और कल्पनाशील खेलों को प्रस्तुत करता है। यह चैनल बच्चों और परिवारों के लिए एक प्रेरणादायक और मनोरंजक मंच है, जहाँ रचनात्मकता, उत्साह और परिवार के अनुकूल सामग्री का शानदार समावेश है। इनके वीडियो बच्चों को सिखाने के साथ-साथ उनका मनोरंजन भी करते हैं, जिससे यह चैनल दुनियाभर में बेहद लोकप्रिय हो गया है।

2025 में, इस चैनल के 139 मिलियन से अधिक सब्सक्राइबर्स हैं। यह बच्चों के मनोरंजन के लिए विश्व स्तर पर एक मान्यता प्राप्त नाम है।

BB Ki Vines: भुवन बाम (Bhuvan Bam)

भुवन बाम, जिन्हें "BB Ki Vines" के नाम से जाना जाता है, इन्होंने 2015 में यूट्यूब पर चैनल की शुरुआत की। भुवन अपने मजेदार वीडियो में खुद को विभिन्न किरदारों में प्रस्तुत करते हैं और उनकी अनोखी कॉमेडी और एक्टिंग ने उन्हें देशभर में पहचान दिलाई।

2025 में, BB Ki Vines के 26 मिलियन से अधिक सब्सक्राइबर्स हैं और यह चैनल भारतीय यूट्यूब पर सबसे बड़े कॉमेडी चैनल्स में से एक है।

आशीष चंचलानी (Ashish Chanchlani)

आशीष चंचलानी ने 2009 में यूट्यूब पर चैनल शुरू किया लेकिन उन्होंने अपना पहला वीडियो 2014 में अपलोड किया। और वह अपने कॉमेडी वीडियो से जल्द ही लोगों का दिल जीत लिया। वह सोशल मुद्दों को भी अपनी वीडियो में बड़े ही सरल और हास्यपूर्ण तरीके से पेश करते हैं।

2025 में, आशीष चंचलानी के चैनल के 30 मिलियन से अधिक सब्सक्राइबर्स हैं और वह भारत के सबसे प्रभावशाली यूट्यूब क्रिएटर्स में से एक हैं।

ऐमीवे बंटाई (Emiway Bantai)

Emiway Bantai, जो भारतीय हिप हॉप सीन का एक महत्वपूर्ण हिस्सा बन चुके हैं, इन्होंने 2013 में रैप वीडियो बनाना शुरू किया था। वह अपनी स्वदेशी भाषा में रैप करते हैं और उनकी फैन फॉलोइंग युवाओं में बहुत बड़ी है।

2025 में, Emiway Bantai के 21 मिलियन से अधिक सब्सक्राइबर्स हैं और वह भारतीय रैप म्यूजिक के सबसे बड़े चेहरे बन चुके हैं।

Techno Gamerz: उजयवाल चौधरी (Ujjwal Chaurasia)

Techno Gamerz चैनल के निर्माता उजयवाल चौधरी ने 2017 में गेमिंग वीडियो अपलोड करना शुरू किया था। वह अपनी लाजवाब गेमिंग स्किल्स और मनोरंजक वीडियो के लिए प्रसिद्ध हैं।

2025 में, Techno Gamerz के 45 मिलियन से अधिक सब्सक्राइबर्स हैं और वह भारत के सबसे बड़े गेमिंग यूट्यूब क्रिएटर्स में से एक हैं।

Round2hell: ज़ैन सैफ़ी, नाज़िम अहमद और वसीम अहमद (Zayn Saifi, Nazim Ahmed, Wasim Ahmed)

Round2hell चैनल को ज़ैन सैफ़ी, नाज़िम, और वसीम के द्वारा 2016 में शुरू किया गया था। यह चैनल अपनी हास्य वीडियो के लिए मशहूर है, जिसमें वे मजेदार स्किट्स और मनोरंजन प्रदान करते हैं।

2025 में, Round2hell के 35 मिलियन से अधिक सब्सक्राइबर्स हैं और यह भारत का सबसे बड़ा कॉमेडी चैनल बन चुका है।

लिली सिंह (Lilly Singh)

लिली सिंह, जिन्हें Superwoman के नाम से भी जाना जाता है, एक प्रसिद्ध यूट्यूब क्रिएटर हैं जिन्होंने 2010 में यूट्यूब पर शुरुआत की थी। उनकी वीडियो में हास्य, प्रेरणा और जीवन के अलग-अलग पहलुओं का मिश्रण होता है।

2025 में, Lilly Singh के चैनल पर 14 मिलियन से अधिक सब्सक्राइबर्स हैं और वह यूट्यूब पर एक प्रमुख महिला क्रिएटर के रूप में स्थापित हैं।

इन क्रिएटर्स के मिलियंस में सब्सक्राइबर्स और फॉलोअर्स हैं, इनके पास तेजी से आगे बढ़ने की अपार संभावनाएं हैं। यदि ये क्रिएटर्स समय के साथ अपने कंटेंट को सुधारते रहें और नए ट्रेंड्स अपनाएं, तो इनके सब्सक्राइबर्स लगातार बढ़ते रहेंगे।

ये क्रिएटर्स पहले से ही अपने प्रोडक्ट्स, सर्विसेज, ऐप्स, और वेबसाइट्स लॉन्च करके कई तरीकों से आय कमा रहे हैं। भविष्य में, नए प्रोडक्ट्स और ब्रांड्स के जरिए ये अपनी कमाई के साधन और विस्तारित करेंगे। बड़े ऑडियंस बेस के कारण, वे विज्ञापनों, प्रायोजनों और अपने व्यवसायों से कई गुना अधिक आय अर्जित कर सकते हैं।

समय के साथ, उनकी लोकप्रियता और सब्सक्राइबर्स में लगातार वृद्धि होगी, जिससे वे अपनी जगह और मजबूत करेंगे और वैश्विक स्तर पर नए कीर्तिमान स्थापित करेंगे।

इन यूट्यूबर्स ने समय की महत्ता को समझा और तुरंत यूट्यूब पर शुरुआत की, जिससे आज वे लाखों में कमा रहे हैं। अगर उन्होंने देरी की होती, तो शायद वे इतने सफल नहीं हो पाते।

1.6 यूट्यूब का भविष्य और इसमें शामिल होने की आवश्यकता

आज यूट्यूब एक ऐसा प्लेटफार्म बन चुका है, जहां कंटेंट क्रिएटर्स को बड़े मौके मिल रहे हैं। वीडियो कंटेंट की मांग लगातार बढ़ रही है, और यूट्यूब इसमें सबसे आगे है।

यूट्यूब का भविष्य उज्ज्वल है, और जितनी जल्दी आप इसमें कदम रखेंगे, उतना ही आपके लिए फायदे का सौदा होगा। आज यूट्यूब पर कदम रखना न केवल आपको प्रतिस्पर्धा में आगे रखेगा, बल्कि आपको अपने कंटेंट से कमाई करने और अपनी पहचान बनाने का मौका देगा।

अध्याय 2

यूट्यूब और सोशल मीडिया से जुड़े सच और झूठ - समझें हर पहलू गहराई से

सारांश:

तो इस अध्याय में हम सोशल मीडिया, खासकर यूट्यूब से जुड़े सच और झूठ पर चर्चा करेंगे। बहुत सारे लोग यूट्यूब को लेकर भ्रमित हैं - कुछ लोगों के पास सही जानकारियां हैं, कुछ के पास गलत धारणाएं हैं, और कई लोग तो यूट्यूब के बारे में बिलकुल नहीं जानते। इस अध्याय में हम सारी सच्चाई और भ्रांतियों पर चर्चा करेंगे, जैसे कि व्यूज, सब्सक्राइबर, लाइक्स, कमेंट्स, और मोनेटाइजेशन। इसके बाद आप समझ पाएंगे कि यूट्यूब कैसे काम करता है और क्या सच में यूट्यूब पर सफल हो पाना संभव है या नहीं।

विस्तार:

2.1 यूट्यूब को लेकर लोगों की धारणाएं - सही और गलत

1. जिनके पास पूरी जानकारी है, वे यूट्यूब को कैसे देखते हैं:

    - जिन लोगों को यूट्यूब के बारे में पूरी जानकारी है, वे इसे एक मजबूत प्लेटफार्म के रूप में देखते हैं जो कंटेंट क्रिएटरों को न केवल अपनी स्किल्स और अपना टैलेंट दिखाने का और लोगों को सिखाने का मौका देता है बल्कि कमाई करने और एक ब्रांड बनाने का भी अवसर प्रदान करता है।

    - यूट्यूब पर सफल होने के लिए बड़ी मेहनत, निरंतरता, और समय की ज़रूरत होती है। यूट्यूब चैनल और सब्सक्राइबर रातों-रात नहीं

बढ़ते, और इसे एक फुल-टाइम करियर में बदलने के लिए आपको धैर्य और रणनीति की ज़रूरत होती है।

2. जिनके पास कम जानकारी है, वे यूट्यूब को कैसे देखते हैं:

- जिन लोगों के पास अधूरी जानकारी है, वे सोचते हैं कि यूट्यूब पर वीडियो अपलोड करते ही व्यूज और सब्सक्राइबर तेजी से बढ़ेंगे, और रातों-रात सफलता मिल जाएगी। वे इसे एक "शॉर्टकट" के रूप में देखते हैं।

- गलत धारणा: ऐसा गलत है कि वीडियो अपलोड करते ही सब कुछ हो जाएगा। सच: शुरुआती समय में आपके वीडियो पर कम व्यूज आ सकते हैं, और सब्सक्राइबर धीरे-धीरे बढ़ते हैं। मोनेटाइजेशन के लिए समय और मेहनत लगती है।

3. जिनके पास बिल्कुल जानकारी नहीं है, वे यूट्यूब को कैसे देखते हैं:

- कई लोगों को यूट्यूब के काम करने के तरीकों के बारे में कुछ भी नहीं पता। वे सोचते हैं कि यूट्यूब पर वीडियो डालना बस एक हौबी है और इससे कमाई करना या एक प्रोफेशनल करियर बनाना असंभव है।

- सच: यूट्यूब पर एक सफल चैनल बनाकर न केवल लाखों लोग अच्छा पैसा कमा रहे हैं, बल्कि वे इसे एक फुल-टाइम करियर के रूप में अपना चुके हैं। हालांकि, यह एक आसान काम नहीं है, और इसके लिए धैर्य, रणनीति और प्लानिंग की ज़रूरत होती है।

2.2 यूट्यूब के बारे में आम भ्रांतियां (Myths) और सच्चाई

1. व्यूज ही सब कुछ होते हैं - मिथक:

- बहुत से लोग मानते हैं कि व्यूज ही यूट्यूब पर सफलता का मापदंड हैं। वे सोचते हैं कि जितने ज्यादा व्यूज होंगे, उतनी ज्यादा कमाई होगी।

- सच: व्यूज का महत्व जरूर है, लेकिन केवल व्यूज से आप सफल नहीं हो सकते। यूट्यूब मोनेटाइजेशन के लिए, आपको 1000 सब्सक्राइबर्स और 4000 घंटे का वॉच टाइम चाहिए होता है। व्यूज के साथ-साथ एंगेजमेंट (लाइक्स, कमेंट्स, शेयर) और कंटेंट की गुणवत्ता भी मायने रखती है। अगर आपके वीडियो पर व्यूज आ रहे हों, लेकिन दर्शक आपके वीडियो से जुड़े न रहे, तो वह आपके लिए फायदेमंद नहीं होगा।

2. ज्यादा सब्सक्राइबर्स मतलब ज्यादा पैसे - मिथक:

- लोग मानते हैं कि अगर किसी चैनल पर ज्यादा सब्सक्राइबर्स हैं, तो वह ज्यादा पैसा कमा रहा होगा।

- सच: सब्सक्राइबर्स का होना जरूर महत्वपूर्ण है, लेकिन केवल सब्सक्राइबर्स से कमाई नहीं होती। सब्सक्राइबर्स का मतलब यह नहीं है कि आपकी हर वीडियो पर ज्यादा व्यूज आएंगे या आप अधिक पैसा कमाएंगे। असली कमाई दर्शकों की वीडियो के साथ एंगेजमेंट और विज्ञापनों से होती है।

3. लाइक और कमेंट्स से कमाई होती है - मिथक:

- बहुत से लोग सोचते हैं कि वीडियो पर जितने ज्यादा लाइक्स और कमेंट्स होंगे, उतनी ही कमाई होती है।

- सच: लाइक और कमेंट्स सीधे तौर पर कमाई से जुड़े नहीं होते। हालांकि, इससे एंगेजमेंट बढ़ती है, जिससे यूट्यूब एल्गोरिथम आपके वीडियो को और लोगों के सामने दिखाता है, और इसका अंततः व्यूज और कमाई में बढ़ोतरी हो सकती है।

4. यूट्यूब एक शॉर्टकट है - मिथक:

- बहुत से लोग सोचते हैं कि यूट्यूब पर काम करना एक आसान तरीका है जल्दी पैसा कमाने का।

- सच: यूट्यूब शॉर्टकट नहीं है। इसमें वीडियो बनाने, एडिटिंग, पब्लिशिंग, और प्रमोशन के लिए कड़ी मेहनत और समय लगता है। एक सफल यूट्यूब चैनल बनाने के लिए धैर्य और समर्पण जरूरी है।

2.3 सही जानकारी और सही निर्णय लेने के लिए महत्वपूर्ण बातें

1. व्यूज, सब्सक्राइबर्स, और एंगेजमेंट का संतुलन:

   - यूट्यूब पर सफलता का मतलब सिर्फ व्यूज या सब्सक्राइबर्स नहीं है, बल्कि कंटेंट की गुणवत्ता और दर्शकों के साथ जुड़ाव (एंगेजमेंट) का होना ज्यादा महत्वपूर्ण है।

   - सलाह: अगर आप यूट्यूब पर चैनल शुरू कर रहे हैं, तो सिर्फ व्यूज या सब्सक्राइबर्स पर ध्यान न दें। अपने कंटेंट को दर्शकों के लिए मूल्यवान और आकर्षक बनाएं ताकि वे आपके साथ जुड़े रहें।

2. मोनेटाइजेशन की वास्तविकता:

   - यूट्यूब मोनेटाइजेशन का सीधा संबंध केवल व्यूज से नहीं है, बल्कि एंगेजमेंट, कंटेंट की लंबाई, और विज्ञापनों की संख्या से भी होता है।

   - सलाह: अगर आप यूट्यूब को एक फुल-टाइम करियर बनाना चाहते हैं, तो पहले सुनिश्चित करें कि आपके पास एक मजबूत मोनेटाइजेशन प्लान हो। विज्ञापन के अलावा, स्पॉन्सरशिप, ब्रांड पार्टनरशिप और अन्य मौकों के बारे में सोचें।

3. ट्रेंड्स और टिकाऊपन का महत्व:

   - कई लोग सिर्फ ट्रेंड्स के आधार पर यूट्यूब चैनल शुरू करते हैं, जो अस्थायी होता है। ऐसे ट्रेंड खत्म होने पर चैनल की लोकप्रियता भी घट जाती है।

- सलाह: ट्रेंड्स का पीछा करना गलत नहीं है, लेकिन अपनी रणनीति को दीर्घकालिक बनाएं रखें। ऐसा Niche चुनें जो समय के साथ प्रभावी बना रहे और भविष्य में आपके चैनल की पहचान को मजबूत करे।

4. निरंतरता और धैर्य की आवश्यकता:

- यूट्यूब पर जल्द ही सफल होने की उम्मीद रखने वाले लोग अक्सर असफल हो जाते हैं, क्योंकि यह एक लंबी प्रक्रिया है।

- सलाह: धैर्य रखें और निरंतरता बनाए रखें। नियमित रूप से कंटेंट अपलोड करें, दर्शकों से जुड़े रहें, और अपने वीडियो की गुणवत्ता पर ध्यान दें। सफलता धीरे-धीरे आती है, लेकिन अगर आप दृढ़ता से काम करते रहें, तो आपके चैनल का विकास सुनिश्चित है।

5. सही Niche और ब्रांडिंग का महत्व:

- चैनल के लिए सही Niche और एक मजबूत ब्रांड पहचान बनाना बहुत जरूरी है।

- सलाह: चैनल की शुरुआत में ही सही Niche चुनें, ताकि आप एक खास ऑडियंस को टारगेट कर सकें और अपने चैनल को एक मजबूत ब्रांड बना सकें।

2.4 सही निर्णय लेने के लिए गाइडलाइन्स:

1. यूट्यूब को शॉर्टकट न समझें:

- यूट्यूब एक ऐसा प्लेटफॉर्म है जहाँ जल्द ही सफल होने की उम्मीद रखना गलत है। इसमें समय लगता है, आपको तकनीकी रूप से वीडियो बनाना आना चाहिए और धैर्य बनाए रखना होगा।

- सलाह: यूट्यूब को एक शॉर्टकट के रूप में न देखें इसे एक दीर्घकालिक प्रयास और समर्पण के रूप में अपनाएं। सफल होने

के लिए आपको सही योजना बनानी होगी और उस पर लगातार काम करना होगा!

2. व्यूज और सब्सक्राइबर्स के अलावा एंगेजमेंट पर ध्यान दें:

- केवल व्यूज और सब्सक्राइबर्स ही सफलता का मापदंड नहीं होते। वीडियो पर मिले लाइक, कमेंट्स, और शेयर वीडियो की एंगेजमेंट को दर्शाते हैं।

- सलाह: अपनी वीडियो की एंगेजमेंट बढ़ाने पर ध्यान दें। दर्शकों से बातचीत करें, उनके कमेंट्स का जवाब दें, और उन्हें अपने कंटेंट में शामिल होने का अहसास दिलाएं।

3. मोनेटाइजेशन की वास्तविकता को समझें:

- यूट्यूब से कमाई सिर्फ विज्ञापनों से नहीं होती। अन्य मोनेटाइजेशन के अवसर भी उपलब्ध होते हैं, जैसे स्पॉन्सरशिप, ब्रांड डील्स, एफिलिएट मार्केटिंग, मर्चेंडाइज, और चैनल सदस्यता।

- सलाह: यूट्यूब से कमाई की शुरुआत धीरे-धीरे होती है। केवल विज्ञापनों पर निर्भर न रहें, बल्कि अन्य स्पॉन्सरशिप, ब्रांड पार्टनरशिप और अन्य तरीकों के बारे में सोचें।

4. सही Niche और ब्रांडिंग का महत्व:

- सही Niche चुनना चैनल की ग्रोथ के लिए आवश्यक होता है। एक बार Niche तय हो जाने के बाद, आपको अपने चैनल की ब्रांडिंग पर भी काम करना होगा ताकि आपकी पहचान दर्शकों के दिमाग में स्पष्ट हो।

- सलाह: चैनल शुरू करने से पहले सही Niche और ब्रांड पहचान को परिभाषित करें। एक खास और विशिष्ट Niche आपके चैनल को भीड़ से अलग खड़ा करता है और सही ऑडियंस तक पहुंचने में मदद करता है।

5. **ट्रेंड्स का सही उपयोग करें:**

- यूट्यूब पर ट्रेंड्स का अनुसरण करना एक अच्छा तरीका हो सकता है, लेकिन आपको ट्रेंड्स को दीर्घकालिक रणनीति भी बनानी होगी। केवल ट्रेंड्स पर निर्भर रहना आपके चैनल को अस्थिर बना सकता है।

- सलाह: ट्रेंड्स का उपयोग करें, लेकिन अपनी दीर्घकालिक रणनीति को दीर्घकालिक बनाए रखें। ऐसा Niche चुनें जो समय के साथ प्रासंगिक बना रहे और भविष्य में आपके चैनल की पहचान को मजबूत करे।

6. **निरंतरता और धैर्य बनाए रखें:**

- यूट्यूब पर सफलता का एक बड़ा हिस्सा नियमितता और धैर्य में होता है। अगर आप लंबे समय तक गुणवत्ता वाला कंटेंट अपलोड करते रहें और दर्शकों के साथ जुड़ाव बनाए रखें, तो आपको सफलता मिलने की संभावना बढ़ जाती है।

सलाह: निरंतर कंटेंट अपलोड करें और वीडियो की गुणवत्ता में सुधार करते रहें। दर्शकों के सवालों और सुझावों पर ध्यान दें और उन्हें अपने चैनल के विकास का हिस्सा बनाएं।

निष्कर्ष:

यूट्यूब और सोशल मीडिया से जुड़े कई मिथक और भ्रांतियाँ हैं जो नए क्रिएटर्स को भ्रमित कर सकती हैं। सही जानकारी प्राप्त करना, यूट्यूब के काम करने के तरीकों को समझना, और सही रणनीति बनाना बेहद जरूरी है। व्यूज, सब्सक्राइबर्स, लाइक्स, कमेंट्स, और मोनेटाइजेशन से जुड़ी सच्चाई को समझना आपको एक सफल यूट्यूबर बनने में मदद करेगा। अगर आप यूट्यूब पर एक चैनल शुरू करना चाहते हैं, तो इसे शॉर्टकट के रूप में न देखें, बल्कि धैर्य और रणनीति के साथ काम करें, और सफलता निश्चित रूप से आपके साथ होगी।

अध्याय 3

यूट्यूब पर आने का सही मकसद और सही उद्देश्य ढूंढना

सारांश:

इस अध्याय में हम समझेंगे कि यूट्यूब पर सफल होने के लिए आपको पहले अपना स्पष्ट मकसद ढूंढना क्यों जरूरी है। हम चार मुख्य सवालों का गहराई से उत्तर देंगे, ताकि आप यह जान सके कि आप यूट्यूब पर क्यों आना चाहते हैं, किसके लिए आना चाहते हैं, असल में आप क्या बनाना चाहते हैं, और आप सबसे बेहतर लोगों से कैसे और किस तरीके से सीख सकते हैं। इन सवालों का उत्तर मिलने पर आप सही दिशा में मेहनत कर पाएंगे और यूट्यूब पर दीर्घकालिक सफलता के लिए मजबूत नींव रख पाएंगे।

3.1 आप ऐसा क्यों करना चाहते है?

यह सवाल आपको यह समझने में मदद करता है कि चैनल शुरू करने के पीछे आपकी प्रेरणा क्या है। क्या आप पैसे कमाना चाहते हैं? क्या आप ज्ञान साझा करना चाहते हैं? या फिर प्रसिद्धि पाना चाहते हैं?

3.2 आप किसके लिए कंटेंट क्रिएट करना चाहते है?

इस सवाल का उत्तर आपको अपनी ऑडियंस समझने में मदद करेगा। आप जान सकेंगे कि आपका कंटेंट किस प्रकार के दर्शकों को आकर्षित करेगा और आपको किसके लिए कंटेंट बनाना चाहिए।

3.3 आप असल में क्या बनाना चाहता है?

यह सवाल आपके यूट्यूब करियर के लिए बहुत महत्वपूर्ण है, क्योंकि इससे आप यह समझ सकते हैं कि आप यूट्यूब पर वास्तव में क्या बनाना चाहते हैं।

1. कंटेंट का प्रकार:

सबसे पहला सवाल यह है कि आप यूट्यूब पर क्या बनाना चाहते हैं? क्या आप मनोरंजन के लिए वीडियो बनाना चाहते हैं, एजुकेशनल कंटेंट क्रिएट करना चाहते हैं, या फिर किसी खास प्रोडक्ट या सेवा के बारे में जानकारी देना चाहते हैं?

आप किस तरह का कंटेंट बनाना चाहते हैं, यह जानना बेहद जरूरी है क्योंकि इससे आपके यूट्यूब चैनल की दिशा तय होगी। आपके द्वारा बनाया गया कंटेंट ही आपकी ऑडियंस को आकर्षित करेगा।

उदाहरण:

अगर आप टेक्नोलॉजी से जुड़ा कंटेंट बनाना चाहते हैं, तो आपका उद्देश्य टेक रिव्यूज, अनबॉक्सिंग वीडियो, या तकनीकी ज्ञान साझा करने का हो सकता है। अगर आप खाना बनाने के शौकीन हैं, तो आपका मकसद कुकिंग रेसिपीज बनाना हो सकता है।

2. क्या आप एक ब्रांड बनाना चाहते हैं?

दूसरा महत्वपूर्ण सवाल यह है कि आप यूट्यूब के जरिए एक ब्रांड बनाना चाहते हैं या सिर्फ कंटेंट क्रिएशन पर ध्यान केंद्रित करेंगे। क्या आप खुद को या अपने कंटेंट को एक स्थापित ब्रांड के रूप में देखना चाहते हैं?

ब्रांड बिल्डिंग का महत्व:

अगर आपका उद्देश्य सिर्फ वीडियो अपलोड करना नहीं है, बल्कि एक मजबूत ब्रांड बनाना है, तो आपको यूट्यूब चैनल पर ध्यान देने के साथ-साथ सोशल मीडिया और अन्य मार्केटिंग प्लेटफॉर्म पर भी फोकस करना होगा।

अगर आप एक ब्रांड बनाना चाहते हैं, तो आपको अपने चैनल के लिए एक ब्रांड पहचान (लोगो, चैनल आर्ट, टैगलाइन) बनानी होगी और इसे प्रोफेशनल तरीके से प्रस्तुत करना होगा। आपकी ऑडियंस आपकी ब्रांडिंग से ही आपको पहचानेगी और आपके कंटेंट से जुड़ी रहेगी।

3. क्या आप एक प्रोडक्ट या सर्विस प्रमोट करना चाहते हैं?

एक अन्य सवाल यह हो सकता है कि क्या आप यूट्यूब पर कोई प्रोडक्ट या सेवा प्रमोट करना चाहते हैं। कई यूट्यूबर्स अपने चैनल का इस्तेमाल अपने प्रोडक्ट्स या सेवाओं की मार्केटिंग के लिए करते हैं।

अगर आप किसी प्रोडक्ट या सेवा के बारे में कंटेंट बनाने की योजना बना रहे हैं, तो आपका उद्देश्य उस प्रोडक्ट को प्रभावी तरीके से प्रमोट करना होगा। इसके लिए आपको अपने ऑडियंस की समस्याओं को समझना होगा और उन्हें समाधान के रूप में अपने प्रोडक्ट या सेवा का परिचय देना होगा।

3.4   आप सबसे बेहतर लोगों से कैसे और किस तरीके से सीख सकते हैं?

यह सवाल आपको यह समझने में मदद करेगा कि आपको यूट्यूब पर बेहतर बनने के लिए किससे और कैसे सीख सकते हैं।

अनुभवी लोगों से सीखें:

सबसे अच्छे यूट्यूबर्स से सीखना एक महत्वपूर्ण प्रक्रिया है। आप देख सकते हैं कि वे कैसे काम करते हैं, उनका कंटेंट कैसे अलग है, और वे अपने चैनल की ब्रांडिंग कैसे करते हैं।

सफल चैनल्स का विश्लेषण:

आपके Niche में जो चैनल सफल हैं, उनका विश्लेषण करें। उनकी वीडियो की संरचना, ऑडियंस के साथ एंगेजमेंट, और ब्रांडिंग को गहराई से समझें। यह आपको अपने चैनल को बेहतर बनाने में **मदद करेगा**।

ऑनलाइन कोर्सेज और ट्यूटोरियल्स:

कई प्लेटफॉर्म्स पर यूट्यूब चैनल ग्रोथ के लिए कोर्सेज उपलब्ध हैं। इनसे आप वीडियो एडिटिंग, SEO, और ब्रांडिंग जैसे महत्वपूर्ण स्किल्स सीख सकते हैं।

ऑडियंस से फीडबैक लें:

अपने दर्शकों से फीडबैक लेना भी एक बड़ा सीखने का स्रोत हो सकता है। ऑडियंस की राय जानने से आपको यह समझ में आएगा कि आपके कंटेंट में क्या सुधार की आवश्यकता है और क्या चीजें आपके दर्शकों को ज्यादा पसंद आ रही हैं।

निष्कर्ष:

यूट्यूब चैनल शुरू करने से पहले यह जानना जरूरी है कि आप यूट्यूब पर क्या बनाना चाहते हैं। आपका मकसद सिर्फ कंटेंट क्रिएट करना हो सकता है, या फिर आप एक मजबूत ब्रांड बनाना चाहते हैं। इन सवालों का उत्तर ढूंढने से आपको न केवल अपने चैनल की दिशा का पता चलेगा, बल्कि आप अपने प्रयासों को सही ढंग से केंद्रित कर सकेंगे। सबसे महत्वपूर्ण बात यह है कि आप सबसे बेहतर लोगों से सीखते रहें, ताकि आपका यूट्यूब करियर सफल हो और आप यूट्यूब पर लंबे समय तक टिके रह सकें।

अध्याय 4

यूट्यूब चैनल शुरू करना फुल टाइम या पार्ट टाइम? स्कूल, कॉलेज, या जॉब छोड़ना चाहिए या नहीं?

सारांश:

यह अध्याय यूट्यूब चैनल शुरू करने की जटिलताओं और निर्णय लेने की प्रक्रिया पर केंद्रित है। क्या यूट्यूब फुल-टाइम किया जाए या पार्ट-टाइम के रूप में? क्या इसके लिए अपनी पढ़ाई (स्कूल या कॉलेज) या नौकरी छोड़ना सही रहेगा? यह एक महत्वपूर्ण निर्णय है, और इसे लेने से पहले कई पहलुओं पर गहराई से विचार करना आवश्यक है। यहां हम हर एक एंगल से विश्लेषण करेंगे कि कौन-सा निर्णय आपके लिए सही रहेगा।

विस्तार:

4.1 फुल-टाइम यूट्यूब चैनल शुरू करने के फायदे और चुनौतियाँ:

फुल-टाइम यूट्यूबर बनने के फायदे:

1. समर्पण (Dedication): जब आप फुल-टाइम यूट्यूब पर काम करते हैं, तो आप पूरी तरह से यूट्यूब और अपने चैनल पर फोकस कर सकते हैं। इससे आपको अपनी रचनात्मकता को बढ़ाने और नए विचारों पर काम करने के लिए पर्याप्त समय मिलता है। 2. कंटेंट की गुणवत्ता: फुल-टाइम काम करने से आप अपने कंटेंट को बेहतर बनाने में ज्यादा समय लगा सकते हैं, जैसे वीडियो एडिटिंग, स्क्रिप्ट लिखना, रिसर्च करना, और ब्रांडिंग पर ध्यान देना।

3. तेज़ ग्रोथ: जब आप अपना पूरा ध्यान यूट्यूब पर केंद्रित करते हैं, तो चैनल तेजी से ग्रो कर सकता है। अधिक समय निवेश करने से आप अधिक वीडियो अपलोड कर सकते हैं, जिससे ऑडियंस जल्दी बढ़ती है।

फुल-टाइम यूट्यूबर बनने की चुनौतियाँ:

1. आर्थिक अनिश्चितताः यूट्यूब एक ऐसा प्लेटफार्म है, जहां शुरू में कोई निश्चित आय नहीं होती है। अगर आपने जॉब छोड़ दी तो आपको तुरंत आय का कोई स्रोत नहीं मिलेगा, जिससे आपके लिए आर्थिक दबाव बढ़ सकता है। यूट्यूब से कमाई करने के लिए समय और मेहनत लगती है, इसलिए अगर आप पहले से फुल-टाइम यूट्यूब पर शिफ्ट करते हैं, तो शुरुआती महीनों में आय न होने की स्थिति को संभालना मुश्किल हो सकता है।

2. अस्थिरता : यूट्यूब एल्गोरिदम पर निर्भर होता है, जो समय-समय पर बदलता रहता है। ऐसे में वीडियो का परफॉर्मेंस और व्यूअरशिप अनिश्चित होती है। एक महीने में आपको अच्छा रेवेन्यू मिल सकता है, तो दूसरे महीने आपको कमाई में गिरावट का सामना करना पड़ सकता है।

3. मानसिक दबाव: अगर आपने स्कूल, कॉलेज, या नौकरी छोड़ दी है और यूट्यूब फुल-टाइम करने का निर्णय लिया है, तो इसमें मानसिक तनाव भी आ सकता है। आप हमेशा इस दबाव में रहेंगे कि चैनल को सफल बनाना है, क्योंकि आपके पास कोई अन्य बैकअप प्लान नहीं होगा।

4. स्किल्स और अनुभव की कमी: अगर आप अपना जॉब या कॉलेज छोड़कर यूट्यूब पर फुल-टाइम काम करने का निर्णय लेते हैं, तो आपको अन्य स्किल्स (जैसे बिजनेस स्किल्स, सोशल स्किल्स) सीखने के मौके कम मिल सकते हैं। यह भविष्य में आपकी प्रोफेशनल ग्रोथ में बाधा बन सकता है, खासकर अगर यूट्यूब से आय स्थिर न हो।

4.2 पार्ट-टाइम यूट्यूब चैनल शुरू करने के फायदे और चुनौतियाँ:

पार्ट-टाइम यूट्यूबर बनने के फायदे:

1. वित्तीय सुरक्षा: जब आप पार्ट-टाइम यूट्यूब पर काम करते हैं और साथ में अपनी नौकरी या पढ़ाई जारी रखते हैं, तो आपके पास आय का एक स्थिर स्रोत होता है। यह आपको यूट्यूब पर धैर्यपूर्वक काम करने और धीरे-धीरे सफलता की ओर बढ़ने का मौका देता है।

2. समय प्रबंधन: पार्ट-टाइम यूट्यूब पर काम करने से आपको अपने स्कूल, कॉलेज, या नौकरी के साथ संतुलन बनाने का मौका मिलता है। आप अपनी दिनचर्या के बाद वीडियो पर काम कर सकते हैं, और धीरे-धीरे चैनल ग्रो कर सकते हैं।

3. प्रोफेशनल ग्रोथ: अगर आप अपनी पढ़ाई या नौकरी के साथ यूट्यूब पर काम कर रहे हैं, तो आपके पास कई अन्य स्किल्स भी विकसित करने का अवसर होता है। यूट्यूब पर आने वाले रचनात्मक अनुभव और आपके जॉब या पढ़ाई के अनुभव एक साथ काम कर सकते हैं, जिससे आप दोनों में बेहतर हो सकते हैं।

पार्ट-टाइम यूट्यूबर बनने की चुनौतियाँ:

1. समय की कमी: पार्ट-टाइम यूट्यूब पर काम करने से आपके पास सीमित समय होता है, जिससे आपके चैनल की ग्रोथ धीमी लग सकती है। यह समय प्रबंधन की एक बड़ी चुनौती बन जाती है, क्योंकि आपको अपनी पढ़ाई / जॉब और यूट्यूब के बीच संतुलन बनाना पड़ता है।

2. कम फोकस: जब आप एक साथ दो काम कर रहे होते हैं (जॉब और यूट्यूब), तो आपका ध्यान बंट सकता है। आप यूट्यूब पर उतना समय नहीं दे पाएंगे जितना फुल-टाइम में दे सकते हैं, जिससे आपके चैनल की ग्रोथ धीमी हो सकती है।

3. मानसिक थकान: नौकरी या पढ़ाई के साथ यूट्यूब करने से आप मानसिक रूप से थक सकते हैं। कई बार आप इतना व्यस्त हो सकते हैं कि यूट्यूब पर ध्यान देने का समय ही न मिले, जिससे आपका कंटेंट प्रभावित हो सकता है।

4.3 क्या स्कूल/कॉलेज छोड़ना सही निर्णय है?

1. जब पढ़ाई छोड़ने पर विचार करना हो:

- आर्थिक स्थिति: अगर आपके परिवार की आर्थिक स्थिति ऐसी है कि पढ़ाई छोड़कर यूट्यूब से स्थिर आय के बिना काम करना जोखिम भरा हो सकता है, तो पढ़ाई छोड़ने का निर्णय खतरनाक हो सकता है।

- स्किल्स की आवश्यकता: यूट्यूब पर सफल होने के लिए केवल वीडियो बनाने की स्किल्स ही नहीं, बल्कि मार्केटिंग, एडिटिंग, ब्रांडिंग जैसी अन्य स्किल्स भी जरूरी होती हैं। अगर आप अपनी पढ़ाई जारी रखते हुए ये स्किल्स सीखते हैं, तो यह आपके लिए फायदेमंद रहेगा।

- पढ़ाई का महत्व: अगर आप कोई महत्वपूर्ण डिग्री लेने के लिए पढ़ाई कर रहे हैं या कोई कोर्स कर रहे हैं, जो आपके भविष्य के लिए जरूरी है, तो उसे छोड़ना उचित नहीं है। यूट्यूब एक अनिश्चित करियर हो सकता है, और इसके लिए एक बैकअप प्लान होना हमेशा अच्छा होता है। इसलिए पढ़ाई के साथ यूट्यूब पर काम करना शुरू करें और जब तक चैनल से स्थिर आय न हो, तब तक पढ़ाई न छोड़ें।

2. जब जॉब छोड़ने पर विचार करना हो:

- आर्थिक स्थिरता: यदि आपके पास पहले से ही एक अच्छी जॉब है, तो जॉब छोड़ने से पहले यह जान लें कि यूट्यूब एक ऐसा प्लेटफार्म है, जहां शुरू में कोई निश्चित आय नहीं होती है। अगर आपने जॉब छोड़ दी तो आपको तुरंत आय का कोई स्रोत नहीं मिलेगा, जिससे आपके लिए आर्थिक दबाव बढ़ सकता है। यूट्यूब से कमाई करने के लिए समय और मेहनत लगती है। बिना किसी निश्चित इनकम के जॉब छोड़ना जोखिम भरा हो सकता है। जॉब और यूट्यूब का बैलेंस: अगर आप अपनी नौकरी और यूट्यूब के बीच बैलेंस बना सकते हैं, तो जॉब छोड़ने की जरूरत नहीं है। जॉब से आपको वित्तीय स्थिरता मिलती है, जबकि यूट्यूब आपको रचनात्मकता की आजादी देता है। जब आप यूट्यूब से इतनी इनकम

अर्जित करने लगें कि यह आपकी जॉब को रिप्लेस कर सके, तभी जॉब छोड़ने का निर्णय लें।

4.4 जॉब/कॉलेज कब छोड़ना चाहिए?

1. जब यूट्यूब से स्थिर इनकम आना शुरू हो:

अगर आप यूट्यूब से हर महीने एक स्थिर और पर्याप्त आय कमा रहे हैं, जो आपके खर्चों को कवर कर सके, तो यह संकेत है कि आप यूट्यूब को फुल-टाइम कर सकते हैं। लेकिन यह सुनिश्चित करें कि आपकी आय केवल विज्ञापनों पर निर्भर न हो, बल्कि अन्य स्रोतों जैसे ब्रांड डील्स, अफिलिएट मार्केटिंग, और मर्चेंडाइज से भी हो।

2. जब चैनल की ग्रोथ लगातार हो रही हो:

अगर आपका चैनल तेजी से ग्रो कर रहा है, और आपकी ऑडियंस तेजी से बढ़ रही है, तो यह समय हो सकता है जब आप यूट्यूब पर अधिक ध्यान केंद्रित कर सकते हैं। लेकिन यह तभी करें जब आप चैनल को फुल-टाइम करने के लिए तैयार हों।

3. जब आपके पास बैकअप प्लान हो:

यदि आप अपनी जॉब या कॉलेज छोड़ने का निर्णय ले रहे हैं, तो यह सुनिश्चित करें कि आपके पास एक बैकअप प्लान हो। यह बैकअप प्लान आर्थिक सुरक्षा प्रदान करने के लिए हो सकता है, जैसे कि बचत, अन्य निवेश, या किसी ऐसे काम से जुड़े अवसर जो असफल होने पर आपको सहारा दे सकें। यूट्यूब करियर में स्थिरता पाने के लिए समय लग सकता है, और यह हमेशा जोखिम भरा हो सकता है, इसलिए यह महत्वपूर्ण है कि आपके पास कोई विकल्प हो।

4. जब आपके पास सही स्किल्स और अनुभव हो:

अगर आपने यूट्यूब पर चैनल को सफलतापूर्वक चलाने की सभी स्किल्स (जैसे कि वीडियो एडिटिंग, मार्केटिंग, SEO, ब्रांडिंग) हासिल कर ली हैं और आपकी ऑडियंस लगातार बढ़ रही है, तो आप चैनल को फुल-टाइम करने का फैसला

कर सकते हैं। जब तक ये सभी स्किल्स मजबूत नहीं हो जातीं, तब तक यूट्यूब को पार्ट-टाइम आधार पर ही रखना बेहतर है।

4.5 सही निर्णय कैसे लें?

यूट्यूब चैनल को फुल-टाइम या पार्ट-टाइम करने का निर्णय पूरी तरह से व्यक्तिगत होता है और आपकी वर्तमान स्थिति, वित्तीय स्थिरता, और भविष्य की योजनाओं पर निर्भर करता है। यह सुनिश्चित करना महत्वपूर्ण है कि:

1. आपके पास आर्थिक स्थिरता हो। 2. आपके पास जरूरी स्किल्स और अनुभव हो। 3. आपके चैनल से नियमित आय आ रही हो। 4. आपका चैनल लगातार ग्रो कर रहा हो। 5. आपके पास एक बैकअप प्लान हो।

यदि इन सभी शर्तों को पूरा किया गया है, तो आप अपनी जॉब या पढ़ाई छोड़ने पर विचार कर सकते हैं। अगर नहीं, तो सबसे सुरक्षित तरीका यह है कि आप यूट्यूब को अपनी मौजूदा नौकरी या पढ़ाई के साथ पार्ट-टाइम के रूप में शुरू करें। जब आपका चैनल आत्मनिर्भर बन जाए और आपकी आय स्थिर हो जाए, तो आप इसे फुल-टाइम में बदल सकते हैं।

निष्कर्ष:

यूट्यूब चैनल शुरू करने का निर्णय, चाहे वह फुल-टाइम हो या पार्ट-टाइम, कई महत्वपूर्ण पहलुओं पर निर्भर करता है। जॉब या कॉलेज छोड़ने का फैसला तभी सही हो सकता है जब आपके पास यूट्यूब से एक स्थिर आय का स्रोत हो, और आपने अपनी सभी जिम्मेदारियों और जोखिमों का सही मूल्यांकन किया हो। पार्ट-टाइम यूट्यूब चैनल शुरू करना एक सुरक्षित विकल्प हो सकता है, क्योंकि यह आपको आर्थिक रूप से सुरक्षित रखता है और साथ ही आपको यूट्यूब पर काम करने का अनुभव और समय भी देता है। जब आपका चैनल पर्याप्त ग्रोथ और आय देने लगे, तभी आप इसे फुल-टाइम करने का निर्णय लें।

अध्याय 5

यूट्यूब चैनल के लिए सही Niche कैसे ढूंढें एक संपूर्ण मार्गदर्शिका

सारांश:

इस अध्याय में हम यह विस्तार से समझेंगे कि यूट्यूब चैनल के लिए सही Niche (विशिष्ट क्षेत्र) कैसे चुना जाए। यूट्यूब पर सफलता पाने के लिए सही Niche का चयन करना अत्यंत महत्वपूर्ण है। एक अच्छी Niche आपके चैनल को अधिक विशिष्ट और आकर्षक बनाता है, जिससे आपकी ऑडियंस तेजी से बढ़ती है। यहां हम विभिन्न तरीकों और कारकों पर चर्चा करेंगे जो आपको सही Niche चुनने में मदद करेंगे।

विस्तार:

5.1 Niche चुनने की महत्ता:

Niche का चयन वह पहला कदम है जो आपके चैनल की दिशा को निर्धारित करता है। एक सही Niche आपके चैनल को फोकस और स्पष्टता देता है, जिससे आप एक खास प्रकार के दर्शकों को लक्षित कर सकते हैं। .

- अधिक प्रतिस्पर्धा से बचना: यूट्यूब पर लाखों चैनल्स हैं, और एक व्यापक या लोकप्रिय क्षेत्र में चैनल शुरू करने से आपको बड़ी प्रतिस्पर्धा का सामना करना पड़ सकता है। Niche आपके चैनल को भीड़ से अलग खड़ा करता है, जिससे आपका चैनल बेहतर ढंग से पहचाना जाता है।

- ऑडियंस का ध्यान केंद्रित करना: जब आपका चैनल एक विशिष्ट Niche में होता है, तो दर्शक यह जानते हैं कि उन्हें आपके चैनल पर

किस प्रकार का कंटेंट मिलेगा। इससे उनकी रुचि और आपके चैनल से जुड़ाव बढ़ता है।

5.2 सही Niche चुनने के तरीके

1. अपनी रुचियों और जुनून (Passion) पर ध्यान दें:

सबसे पहले, यह जानें कि आप किस विषय पर सबसे ज्यादा जुनून रखते हैं। यूट्यूब पर लगातार कंटेंट बनाने के लिए जरूरी है कि आपका Niche आपकी रुचि का हो। अगर आप किसी ऐसे क्षेत्र में चैनल शुरू करते हैं जिसमें आपकी रुचि कम है, तो लंबे समय तक इसे जारी रखना मुश्किल हो सकता है।

स्वयं से पूछने वाले प्रश्न:

- किस विषय पर मैं घंटों बात कर सकता हूँ?
- कौन-सी गतिविधियाँ मुझे सबसे ज्यादा आकर्षित करती हैं?
- क्या ऐसा विषय है जिसके बारे में मैं लगातार

नए विचार ला सकता हूँ?

- उदाहरण: यदि आप फोटोग्राफी के शौकीन हैं और आपको नई तस्वीरें खींचना पसंद है, तो "फोटोग्राफी टिप्स " या "कैमरा रिव्यूज़" पर आधारित Niche चुनना सही रहेगा।

2. अपनी विशेषज्ञता (Expertise) का मूल्यांकन करें:

Niche चुनते समय यह भी महत्वपूर्ण है कि आप किस क्षेत्र में विशेषज्ञता रखते हैं। दर्शक उन चैनलों को प्राथमिकता देते हैं, जहां उन्हें विश्वास हो कि क्रिएटर अपने विषय में निपुण है। अगर आपके पास किसी खास विषय में गहरा ज्ञान है, तो आप दर्शकों को बेहतर जानकारी दे सकते हैं।

- स्वयं से पूछने वाले प्रश्न:
- क्या ऐसा कोई विषय है जिसमें मैं दूसरों से अधिक जानकारी रखता हूँ?

- क्या मुझे किसी खास फील्ड में अनुभव है जिसे मैं यूट्यूब पर साझा कर सकता हूँ?

- उदाहरण: अगर आप फिटनेस ट्रेनर हैं, तो "होम वर्कआउट्स" या "फिटनेस टिप्स " जैसे विषय पर चैनल शुरू करना आपके लिए फायदेमंद रहेगा।

3. ऑडियंस की मांग और संभावनाओं का विश्लेषण करें:

यह जरूरी है कि आप अपने Niche को चुनने से पहले यह जानें कि कौन-सा विषय दर्शकों के बीच ज्यादा लोकप्रिय है। इसके लिए आप यूट्यूब ट्रेंड्स, गूगल ट्रेंड्स और अन्य डेटा एनालिटिक्स टूल्स का उपयोग कर सकते हैं।

- ट्रेंड एनालिसिस:

- गूगल ट्रेंड्स पर जाकर देखें कि कौन-से विषय या कीवर्ड वर्तमान में अधिक सर्च किए जा रहे हैं।

- यूट्यूब पर उन Niche से संबंधित वीडियो देखें जो ज्यादा व्यूज और एंगेजमेंट प्राप्त कर रहे हैं।

- लोकप्रियता के साथ संतुलन बनाना: बहुत प्रतिस्पर्धी Niche में जाना जोखिम भरा हो सकता है, इसलिए ऐसे विषय चुनें जो लोकप्रिय हैं लेकिन उन पर ज्यादा चैनल्स न हों।

- "उदाहरण: अगर आप तकनीक में रुचि रखते हैं, तो "टेक रिव्यूज़ " के बजाय " किफायती स्मार्टफोन टिप्स" या "टेक्नोलॉजी ट्यूटोरियल्स" पर ध्यान दें, जिससे आप ज्यादा विशिष्ट ऑडियंस को टारगेट कर सकें।

4. प्रतियोगिता का आकलन करें:

यह समझना महत्वपूर्ण है कि आपके द्वारा चुने गए Niche में कितनी प्रतिस्पर्धा है। यदि आपके Niche में पहले से बहुत सारे बड़े और स्थापित चैनल्स हैं, तो आपको अपने चैनल को विशेष और अलग बनाना होगा।

प्रतियोगिता का विश्लेषण:

- उन चैनलों को देखिए जो आपके चुने हुए Niche में काम कर रहे हैं और उनके सब्सक्राइबर्स और व्यूज़ की संख्या का विश्लेषण करें।

- यह जानने की कोशिश करें कि आप उन चैनलों से कैसे अलग हो सकते हैं। आपके कंटेंट में क्या

अनोखा हो सकता है जो दर्शकों को आकर्षित कर सके?

- विशेषता (Uniqueness) पर ध्यान दें: किसी भी प्रतिस्पर्धी Niche में सफल होने के लिए आपको कुछ अलग और विशेष देना होगा। यह आपकी प्रस्तुति, वीडियो स्टाइल, जानकारी देने का तरीका, या किसी विशिष्ट ऑडियंस को ध्यान में रखते हुए बनाया गया कंटेंट हो सकता है।

5. समस्या-समाधान वाला Niche चुनें:

दर्शक यूट्यूब पर अक्सर अपनी समस्याओं का समाधान खोजने आते हैं। अगर आपका चैनल लोगों की समस्याओं का हल पेश कर सकता है, तो यह तेजी से लोकप्रिय हो सकता है।

समस्या समाधान वाला कंटेंट:

- अपने चुने हुए Niche में देखें कि लोग किस प्रकार की समस्याएं अनुभव कर रहे हैं और वे उनके समाधान की तलाश में हैं।

- उदाहरण के लिए, अगर आप फिटनेस में रुचि रखते हैं, तो "होम वर्कआउट्स" या "फिटनेस गियर की समीक्षा" जैसे विषय चुन सकते हैं, जहां लोग फिटनेस के लिए उपयुक्त उपकरण या एक्सरसाइज के बारे में जानना चाहते हैं।

6. लंबी अवधि के लिए टिकाऊ Niche चुनें:

यूट्यूब एक लंबी यात्रा है, और आपको एक ऐसा Niche चुनना चाहिए जो भविष्य में भी प्रासंगिक और टिकाऊ हो। कई बार कुछ विषय सिर्फ अस्थायी ट्रेंड्स पर आधारित होते हैं, और जैसे ही वह ट्रेंड खत्म होता है, उन चैनलों की लोकप्रियता भी घट जाती है।

टिकाऊ Niche की पहचान:

- अपने Niche को चुनते समय यह सोचें कि क्या यह विषय लंबी अवधि तक चल सकता है या यह सिर्फ एक अस्थायी ट्रेंड है।

- उन विषयों को चुनें जो हमेशा प्रासंगिक रहते हैं और जिनमें नए दर्शकों की लगातार आवश्यकता होती है। उदाहरण के लिए, "पर्सनल फाइनेंस," "हेल्थ," या "एजुकेशन" जैसे विषय हमेशा लोगों की जरूरतों से जुड़े होते हैं।

7. टेस्ट और रिव्यू करें:

सही Niche चुनने के बाद भी यह जरूरी है कि आप इसे समय-समय पर टेस्ट करें और अपने चैनल की परफॉर्मेंस का रिव्यू करें। यदि आपकी ऑडियंस आपके कंटेंट पर सही प्रतिक्रिया नहीं दे रही है, तो यह संकेत हो सकता है कि आपको अपने Niche में थोड़ा बदलाव करने की जरूरत है।

अधिक इंटरैक्शन और रिव्यू:

अपने दर्शकों से फीडबैक लें और जानें कि उन्हें आपके कंटेंट का कौन-सा हिस्सा सबसे ज्यादा पसंद आ रहा है।

- इसके आधार पर आप अपने Niche में थोड़ा

बदलाव कर सकते हैं या उस पर और गहराई से काम कर सकते हैं।

निष्कर्ष:

यूट्यूब चैनल के लिए सही Niche का चयन करना चैनल की सफलता की पहली और सबसे महत्वपूर्ण कड़ी है। Niche का चुनाव आपकी रुचियों, विशेषज्ञता, ऑडियंस की मांग, प्रतियोगिता, और कंटेंट की टिकाऊ क्षमता पर निर्भर करता है। एक बार सही Niche चुनने के बाद, आपको यह सुनिश्चित करना होगा कि आप लगातार उस पर काम करें, अपनी ऑडियंस के साथ जुड़ें, और समय-समय पर अपने चैनल की परफॉर्मेंस का आकलन करें। सही Niche से ही आपके चैनल की पहचान बनेगी और सफलता का मार्ग प्रशस्त होगा।

अध्याय 5 (भाग 2)

यूट्यूब चैनल के लिए सही Niche कैसे ढूंढें यदि Niche सही नहीं चुनी गई तो क्या समस्याएं हो सकती हैं?

सारांश: इस अध्याय में हम यह समझेंगे कि यूट्यूब चैनल के लिए सही Niche चुनना क्यों ज़रूरी है और अगर सही Niche नहीं चुनी गई, तो क्या-क्या समस्याएं सामने आ सकती हैं। सही Niche न होने से आपके चैनल की ग्रोथ पर गहरा नकारात्मक प्रभाव पड़ सकता है। हम इन समस्याओं का विश्लेषण हर कोण से करेंगे ताकि आपको यह समझने में आसानी हो कि क्यों सही Niche का चयन सफलता के लिए ज़रूरी है।

विस्तार:

5.3 अगर सही Niche नहीं चुनी गई तो क्या समस्याएं

हो सकती हैं?

1. दर्शकों की रुचि न बन पाना:

यदि आपने अपने चैनल के लिए Niche सही से नहीं चुनी, तो आप ऐसी ऑडियंस को लक्षित नहीं कर पाएंगे, जो आपके कंटेंट में रुचि रखते हों। इससे आपके वीडियो पर व्यूज़ और एंगेजमेंट में कमी हो सकती है।

- उदाहरण: मान लीजिए आपने "टेक्नोलॉजी " पर चैनल शुरू किया, लेकिन आप टेक्नोलॉजी के सभी विषयों पर वीडियो बनाते हैं (स्मार्टफोन्स,

लैपटॉप्स, गेमिंग, ऐप्स), तो दर्शकों को यह समझ में नहीं आएगा कि आपका चैनल किस विशेष विषय पर फोकस करता है। इससे उनकी रुचि खोने की संभावना बढ़ जाती है। समस्या: दर्शक आपके चैनल से जल्दी बोर हो सकते हैं और उन्हें समझ में नहीं आएगा कि किस प्रकार का कंटेंट आपके चैनल पर मिलेगा। इसका परिणाम यह होगा कि वे आपके चैनल पर लौटकर नहीं आएंगे या उनके आने की संभावना कम हो जाएगी?

2. दर्शकों के साथ कनेक्शन का अभाव:

सही Niche न चुनने का एक बड़ा नुकसान यह होता है कि आप अपने दर्शकों के साथ व्यक्तिगत रूप से जुड़ नहीं पाते। अगर आपका चैनल बहुत व्यापक या अनिश्चित है, तो आपके दर्शक आपके चैनल से जुड़ाव महसूस नहीं करेंगे।

- समस्या: एक Niche चैनल दर्शकों के लिए एक स्पष्ट पहचान बनाता है। अगर यह पहचान स्पष्ट नहीं है, तो आपके दर्शक आपके चैनल को कम महत्व देंगे और आपके कंटेंट के साथ भावनात्मक रूप से जुड़ नहीं पाएंगे। इसका असर आपके चैनल की लॉयल ऑडियंस पर पड़ता है, और लंबे समय में आपके चैनल की ग्रोथ धीमी हो जाती है।

3. सर्च एल्गोरिदम पर असर:

यूट्यूब का एल्गोरिदम कंटेंट को सर्च रिजल्ट्स में ऊपर लाने के लिए चैनल के Niche पर निर्भर करता है। अगर आपने सही Niche नहीं चुनी, तो एल्गोरिदम यह समझने में असमर्थ रहेगा कि आपका चैनल किस प्रकार की ऑडियंस के लिए है, जिससे आपके वीडियो सर्च रिजल्ट्स में नीचे रह जाएंगे।

- समस्या: जब आपके चैनल की Niche अस्पष्ट होती है, तो यूट्यूब एल्गोरिदम आपकी वीडियो को सही दर्शकों तक पहुंचाने में दिक्कत महसूस करता है। इससे आपकी वीडियो सर्च रिजल्ट्स में कम दिखाई देंगी, जिससे ऑर्गेनिक व्यूअरशिप प्रभावित होगी।

4. चैनल की ब्रांडिंग कमजोर होना:

एक सही Niche चैनल की पहचान और ब्रांडिंग को मजबूत करती है। अगर सही Niche नहीं चुनी तो, आप अपने चैनल को एक ब्रांड के रूप में विकसित नहीं कर पाएंगे, जिससे आपकी पहचान कमजोर होगी।

- समस्या: अगर आपके चैनल की Niche अस्पष्ट है, तो दर्शक आपके चैनल को याद रखना मुश्किल समझेंगे। इससे आपका चैनल भीड़ में खो जाएगा, और आपके चैनल की एक विशिष्ट पहचान नहीं बन पाएगी। ब्रांडिंग की कमी से आपकी लॉयल ऑडियंस और व्यूअरशिप कम होगी, और चैनल की ग्रोथ पर बुरा असर पड़ेगा।

5. कंटेंट की गुणवत्ता और निरंतरता पर असर:

यदि आपकी Niche बहुत व्यापक है या सही से निर्धारित नहीं है, तो आपको लगातार नए कंटेंट आइडियाज खोजने में कठिनाई हो सकती है। इससे आपके कंटेंट की गुणवत्ता और निरंतरता पर बुरा प्रभाव पड़ता है।

- समस्या: बिना एक स्पष्ट Niche के, आपको यह तय करने में परेशानी होगी कि किस प्रकार का कंटेंट बनाना है। यह आपके चैनल के लिए एक संगठित और विश्वसनीय कंटेंट शेड्यूल बनाए रखने में बाधा बन सकता है। इसके परिणामस्वरूप, आपके दर्शक आपके चैनल पर लगातार लौटकर नहीं आएंगे और आपका चैनल कमजोर होगा।

6. ऑडियंस ग्रोथ की कमी:

सही Niche न चुनने से आपकी ऑडियंस की ग्रोथ धीमी हो सकती है, क्योंकि दर्शक आपके चैनल के विषय को पूरी तरह से समझ नहीं पाएंगे। अगर चैनल का विषय बिखरा हुआ या असंगत रहेगा तो, नए दर्शक आपके चैनल से जुड़ नहीं पाएंगे।

- समस्या: जब दर्शक यह नहीं समझ पाते कि आपका चैनल किस बारे में है, तो वे उसे सब्सक्राइब करने में संकोच करते हैं। इससे आपके

सब्सक्राइबर्स की संख्या बढ़ने की गति धीमी हो जाएगी, जिससे चैनल की ग्रोथ पर नकारात्मक असर पड़ेगा।

7. लंबी अवधि के लिए चैनल की टिकाऊपन में कमी:

सही Niche न चुनने से चैनल की दीर्घकालिक सफलता प्रभावित हो सकती है। अगर आपका Niche एक ट्रेंड पर आधारित है जो समय के साथ घट सकता है, तो आपके चैनल की प्रासंगिकता कम हो जाएगी।

- समस्या: अगर आपका चैनल किसी अस्थायी ट्रेंड पर आधारित है, तो जब वह ट्रेंड खत्म होगा, तो आपके चैनल की ऑडियंस और व्यूअरशिप भी कम हो जाएगी। यह चैनल की दीर्घकालिक सफलता के लिए एक बड़ा खतरा हो सकता है।

8. प्रतियोगिता में पिछड़ जाना:

एक सही Niche आपके चैनल को प्रतिस्पर्धा में बनाए रखता है। यदि आप एक गलत या बहुत व्यापक Niche चुनते हैं, तो आप बड़ी और स्थापित चैनलों से मुकाबला नहीं कर पाएंगे।

- समस्या: व्यापक विषयों में पहले से बड़े और सफल चैनल मौजूद होते हैं, जिनसे मुकाबला करना मुश्किल हो सकता है। अगर आपकी Niche विशिष्ट नहीं है, तो आप उनकी तुलना में जल्दी खो सकते हैं। इससे चैनल की ग्रोथ में रुकावट आ सकती है।

5.4 सही Niche न होने से चैनल की ग्रोथ पर असर

1. धीमी ग्रोथ:

यदि आपकी Niche सही नहीं है, तो आपके चैनल की ग्रोथ धीमी हो जाएगी क्योंकि ऑडियंस और एल्गोरिदम दोनों ही चैनल को सही से नहीं पहचान पाएंगे।

2. कम व्यूज़ और एंगेजमेंट:

गलत Niche की वजह से आपके वीडियो पर व्यूज़ और एंगेजमेंट में कमी हो सकती है। दर्शक आपके चैनल के साथ जुड़े रहने में दिलचस्पी नहीं लेंगे, और यह आपके चैनल की सर्च रैंकिंग को भी प्रभावित करेगा।

3. ब्रांडिंग की कमजोर पहचान:

सही Niche के बिना आप अपने चैनल को एक मजबूत ब्रांड के रूप में स्थापित नहीं कर पाएंगे। इससे दर्शकों के बीच आपकी पहचान कमजोर होगी, और चैनल के दीर्घकालिक सफलता पर असर पड़ेगा।

4. कम सब्सक्राइबर्स:

अगर चैनल की Niche स्पष्ट नहीं है, तो दर्शक इसे सब्सक्राइब करने से बच सकते हैं, क्योंकि उन्हें आपके चैनल के उद्देश्य के बारे में स्पष्टता नहीं होगी। इससे आपकी सब्सक्राइबर संख्या में वृद्धि धीमी हो सकती है।

5. दीर्घकालिक सफलता में बाधा:

यदि Niche सही से नहीं चुनी गई, तो चैनल की दीर्घकालिक प्रासंगिकता कम हो जाएगी, और ट्रेंड के खत्म होने के बाद आपके चैनल की ग्रोथ रुक जाएगी।

निष्कर्ष:

यूट्यूब चैनल के लिए सही Niche चुनना अत्यधिक महत्वपूर्ण है। अगर Niche गलत चुनी गई, तो आपके चैनल पर व्यूज़, एंगेजमेंट, सब्सक्राइबर्स और ब्रांडिंग में कई समस्याओं का सामना करना पड़ सकता है। सही Niche चैनल की दिशा निर्धारित करती है, दर्शकों को आकर्षित करती है, और आपको एक मजबूत पहचान बनाने में मदद करती है। गलत Niche न केवल आपकी ग्रोथ को धीमा कर सकती है, बल्कि यह आपके चैनल की दीर्घकालिक सफलता को भी प्रभावित कर सकती है।

अध्याय 6

गूगल अकाउंट (ईमेल आईडी) कैसे बनाएं और इसे यूट्यूब व अन्य सोशल मीडिया अकाउंट्स के लिए सुरक्षित कैसे रखें

यूट्यूब चैनल बनाने से लेकर फेसबुक, इंस्टाग्राम या किसी भी सोशल मीडिया प्लेटफॉर्म का इस्तेमाल करने के लिए एक मजबूत और सुरक्षित गूगल अकाउंट होना अनिवार्य है। गूगल अकाउंट सिर्फ एक ईमेल आईडी नहीं है, बल्कि यह आपकी डिजिटल पहचान और सुरक्षा की पहली दीवार भी है। अगर यह ठीक से नहीं बनाया गया, तो आपके चैनल या सोशल मीडिया की पूरी मेहनत खतरे में पड़ सकती है।

इस अध्याय में हम विस्तार से जानेंगे कि एक गूगल अकाउंट कैसे बनाएं, क्या-क्या सावधानियाँ रखें, कैसे उसे सुरक्षित रखें, और सोशल मीडिया अकाउंट बनाने के लिए कैसे उपयोग करें।

गूगल अकाउंट बनाने की प्रक्रिया (Step-by-Step Guide):

1. अपने ब्राउज़र में जाएं और टाइप करें: **accounts.google.com**

2. "Create account" पर क्लिक करें।

3. नाम, जन्मतिथि, और मोबाइल नंबर जैसे बेसिक डिटेल्स भरें।

4. एक ऐसा यूज़रनेम (ईमेल आईडी) चुनें जो प्रोफेशनल, सरल और याद रखने लायक हो।

5. पासवर्ड बनाते समय इस बात का ध्यान रखें कि उसमें कम से कम 12 कैरेक्टर हों - जिसमें छोटे-बड़े अक्षर, अंक और एक विशेष चिन्ह हो।

6. रिकवरी ईमेल और मोबाइल नंबर ज़रूर सेट करें - यह आपके अकाउंट की सुरक्षा में अहम भूमिका निभाते हैं।

7. 'Next' पर क्लिक करके प्रोसेस को पूरा करें।

अगर आपको इस प्रक्रिया को देखकर करना है, तो यूट्यूब पर "Google Account Kaise Banaye" या "How to Create Gmail ID" सर्च करें और अच्छे व्यूज़ और लाइक्स वाला वीडियो चुनें।

गूगल अकाउंट (ईमेल आईडी) बनाते समय इन बातों का ध्यान रखें।

- जब भी आप ईमेल आईडी बनाएं, उसका नाम छोटा, बोलने और याद करने में आसान होना चाहिए।

- जिस ईमेल आईडी को आप बनाएंगे, उसी से अपने सभी सोशल मीडिया अकाउंट्स (जैसे YouTube, Instagram, Facebook, OpenStori) बनाइए। इसके साथ ही एक दूसरी ईमेल आईडी भी बना लीजिए, जो आपके सोशल मीडिया यूज़रनेम से मिलती-जुलती हो। यह दूसरी ईमेल आईडी बिजनेस के लिए रहेगी, ताकि अगर कोई कंपनी या व्यक्ति आपसे संपर्क करना चाहे तो आसानी से कर सके।

- पासवर्ड को किसी डायरी या पासवर्ड मैनेजर ऐप में सुरक्षित करके रखें।

- रिकवरी ऑप्शन सही और अपडेटेड रखें ताकि पासवर्ड भूलने पर रिकवरी हो सके।

- दो-स्तरीय सत्यापन (Two-Factor Authentication) ज़रूर एक्टिवेट करें - यह अकाउंट को हैकिंग से बचाता है।

गूगल अकाउंट को यूट्यूब व सोशल मीडिया से कैसे जोड़ें:

- यूट्यूब खोलें और अपने गूगल अकाउंट से लॉगिन करें। इसके बाद चैनल बनाएं।

- फेसबुक, इंस्टाग्राम, ओपन स्टोरी जैसे प्लेटफॉर्म पर भी उसी ईमेल से अकाउंट बनाएं ताकि मैनेजमेंट आसान हो।

- कोशिश करें कि जितने सोशल मीडिया प्लेटफॉर्म्स हैं, उन सभी में एक ही ईमेल का इस्तेमाल हो।

गूगल अकाउंट को सुरक्षित कैसे रखें:

- 2FA (Two-Factor Authentication) ज़रूर ऑन रखें।

- पासवर्ड को समय-समय पर बदलते रहें।

- कभी भी पब्लिक Wi-Fi से लॉगिन न करें।

- गूगल सिक्योरिटी चेकअप टूल का इस्तेमाल करें - इससे यह पता चलता है कि कोई अनजान डिवाइस आपके अकाउंट में तो लॉगिन नहीं कर रहा।

- किसी भी वेबसाइट या फॉर्म पर बिना सोचे समझे ईमेल आईडी शेयर न करें।

गलत तरीके से गूगल अकाउंट बनाने से क्या नुकसान हो सकता है:

- आपका अकाउंट आसानी से हैक हो सकता है।

- रिकवरी ऑप्शन न होने पर अकाउंट दोबारा नहीं मिल सकता।

- स्पैम मेल्स की भरमार हो सकती है।

- आपका यूट्यूब चैनल, सोशल मीडिया अकाउंट्स और वहां की सारी मेहनत एक झटके में उड़ सकती है।

- यदि किसी हैकर के हाथ अकाउंट लग गया, तो वह आपकी पहचान का गलत इस्तेमाल भी कर सकता है।

निष्कर्ष:

गूगल अकाउंट आपकी डिजिटल दुनिया का पहला और सबसे महत्वपूर्ण दरवाज़ा है। इसे बनाते समय कोई भी जल्दबाज़ी या लापरवाही नहीं करनी चाहिए। एक अच्छा ईमेल आईडी, मजबूत पासवर्ड, और एक्टिवेटेड सिक्योरिटी सेटिंग्स मिलकर आपके यूट्यूब चैनल और सोशल मीडिया की नींव को मजबूत बनाते हैं। अगर आपने यह सब सही से किया, तो समझिए आपने अपने चैनल के भविष्य की सुरक्षा सुनिश्चित कर ली है।

अध्याय 7

यूट्यूब चैनल का नाम – आपकी सफलता की पहली सीढ़ी

सारांश:

इस अध्याय में हम जानेंगे कि यूट्यूब चैनल का नाम चुनना सिर्फ एक फॉर्मेलिटी नहीं है, बल्कि यह आपकी पूरी यूट्यूब जर्नी की नींव है। अगर आपने शुरुआत में सही नाम चुना, तो आगे चलकर ब्रांडिंग, पहचान और ग्रोथ में आसानी होगी। लेकिन अगर नाम चुनने में गलती हो गई, तो बाद में दिक्कतें आ सकती हैं – चाहे वो सर्च में आना हो, ऑडियंस का कन्फ्यूजन हो या फिर कानूनी समस्याएँ। चलिए इसे विस्तार से समझते हैं।

7.1 यूट्यूब चैनल का नाम क्यों इतना जरूरी है?

सोचिए – जब आप किसी इंसान से पहली बार मिलते हैं, तो सबसे पहले क्या पूछते हैं? "नाम क्या है?" ठीक वैसे ही, यूट्यूब पर आपका चैनल भी आपके नाम से ही पहली बार सबके सामने आता है। अगर नाम अच्छा, साफ़ और यादगार है, तो लोग आपको आसानी से याद रखेंगे और दोबारा आपके चैनल पर आएंगे।

- **पहला इंप्रेशन:**

  चैनल का नाम देखकर ही ऑडियंस अंदाजा लगा लेती है कि आप किस तरह का कंटेंट बनाते होंगे।

- **सर्च में दिखना:**

  यूट्यूब और गूगल के सर्च रिजल्ट में चैनल का नाम बहुत बड़ा रोल निभाता है। सही नाम से आपका चैनल जल्दी खोजा जा सकता है।

- **भविष्य की ब्रांडिंग:**

  अगर आपने एक अच्छा नाम रखा है, तो वही नाम आगे चलकर आपकी वेबसाइट, सोशल मीडिया, और बिजनेस ब्रांड का हिस्सा बन सकता है।

7.2 सही यूट्यूब चैनल का नाम कैसे चुनें?

- **नाम छोटा और आसान रखें:**

  ऐसा नाम रखें जो जल्दी याद हो जाए और जिसे बोलना भी आसान हो। लंबे, मुश्किल या टेढ़े-मेढ़े नाम से लोग कंफ्यूज हो सकते हैं।

- **कंटेंट से मिलता-जुलता हो:**

  नाम ऐसा होना चाहिए कि देखकर ही लोगों को अंदाजा हो जाए कि आपका चैनल किस टॉपिक पर है। जैसे, अगर आप ट्रैवल व्लॉग बनाते हैं, तो नाम में 'Travel' या 'Trips' जैसा कुछ हो सकता है।

- **यूनिक और अलग हो:**

  चाहे जितना अच्छा नाम हो, अगर वो पहले से किसी ने ले लिया है तो दिक्कत हो सकती है। इसलिए ऐसा नाम खोजिए जो अलग हो, नया हो।

- **उच्चारण में सरल हो:**

  कोशिश करिए कि नाम ऐसा हो जिसे लोग पहली बार में ही ठीक से बोल सकें और बिना गलती के सर्च कर सकें।

7.3 अगर सही नाम नहीं चुना तो क्या होगा?

- **पहचान नहीं बन पाएगी:**

  अगर नाम अजीब सा होगा या कंटेंट से मैच नहीं करेगा, तो लोग कंफ्यूज हो जाएंगे और आपका चैनल जल्दी भूल जाएंगे।

- **सर्च में आने में दिक्कत होगी:**

  यूट्यूब का एल्गोरिथम भी नाम और कंटेंट को मैच करके सर्च रिजल्ट में ऊपर लाता है। गलत नाम से आपकी ग्रोथ रुक सकती है।

- **ब्रांडिंग में दिक्कत होगी:**

  मान लीजिए आपका चैनल बहुत अच्छा चल गया, लेकिन बाद में आपको समझ आया कि नाम तो बहुत अजीब है, या डोमेन नाम पहले से कोई और ले चुका है। ऐसे में आपको चैनल का नाम बदलना पड़ेगा, जो बहुत बड़ा रिस्क है।

- **यूट्यूब हैंडल की समस्या:**

  अब यूट्यूब हर चैनल के लिए एक यूनिक हैंडल (@yourname) देता है। अगर नाम और हैंडल का ध्यान नहीं रखा, तो आपकी पहचान किसी और से मिल सकती है।

- **कानूनी दिक्कतें:**

  अगर आपके चैनल का नाम किसी रजिस्टर्ड ब्रांड या व्यक्ति से टकरा गया, तो आपको लीगल प्रॉब्लम्स भी हो सकती हैं। बाद में आपको मजबूरी में नाम बदलना पड़ सकता है।

7.4 चैनल का नाम – भविष्य की ब्रांडिंग की कुंजी

- **व्यापक ब्रांड पहचान:**

  अगर शुरुआत से ही नाम अच्छा रखा गया है, तो वही नाम आपकी वेबसाइट, सोशल मीडिया अकाउंट्स और दूसरे बिजनेस प्लेटफॉर्म्स पर एक जैसी पहचान बनाएगा।

- **ऑडियंस कनेक्शन:**

  एक सही नाम से ऑडियंस आपके साथ जल्दी जुड़ती है और लंबे समय तक याद रखती है।

निष्कर्ष:

यूट्यूब चैनल का नाम चुनते समय कभी भी जल्दीबाजी या लापरवाही मत करिए।

नाम ऐसा होना चाहिए जो आपके कंटेंट से जुड़ा हो, आसान हो, यूनिक हो और लंबे समय तक काम आए।

साथ ही यूट्यूब हैंडल भी उसी समय चेक कर लें ताकि आगे कोई दिक्कत न आए।

याद रखिए, एक सही नाम आपकी यूट्यूब जर्नी का सबसे पहला और सबसे मजबूत कदम होता है।

इसलिए सोच-समझकर, प्यार से, और भविष्य को ध्यान में रखकर नाम चुनिए – ताकि आपकी पहचान बन सके और आपका ब्रांड चमक सके।

अध्याय 8

यूट्यूब चैनल का Logo – आपकी ब्रांड पहचान और भविष्य की सफलता की नींव

सारांश:

इस अध्याय में हम समझेंगे कि यूट्यूब चैनल के लिए एक अच्छा और प्रभावी **Logo** क्यों जरूरी है। Logo सिर्फ एक डिजाइन नहीं होता, बल्कि यह आपके ब्रांड की पहली छवि, पहचान और विश्वास का प्रतीक होता है। एक सही Logo आपके यूट्यूब चैनल को प्रोफेशनल बनाता है, ब्रांडिंग को मजबूत करता है, और भविष्य में आपके प्रोडक्ट्स और सर्विसेस की सफलता का आधार बनता है।

8.1 Logo का महत्व: पहली छाप और स्थायी पहचान

- **पहली नज़र में पहचान:**

  जब कोई दर्शक आपके चैनल पर आता है, तो सबसे पहले जो चीज़ उसे दिखती है – वो है आपका Logo! एक अच्छा Logo दर्शकों के मन में तुरंत छाप छोड़ता है और आपके ब्रांड को याद रखने में मदद करता है।

- **भरोसे का निर्माण:**

  एक प्रोफेशनल और प्रभावी Logo आपके चैनल और ब्रांड को गंभीरता और भरोसे के साथ पेश करता है। इससे दर्शकों को यह भरोसा होता है कि आपका कंटेंट क्वालिटी वाला और भरोसेमंद है।

- **यादगार ब्रांडिंग:**

  Logo वह चेहरा है जो बार-बार दिखने से आपके ब्रांड को मजबूत बनाता है। अगर लोग आपके Logo को देखकर तुरंत आपके चैनल को पहचान जाएँ, तो समझिए आपकी ब्रांडिंग सही दिशा में है।

8.2 भविष्य में Logo का ब्रांडिंग में महत्व

- **ब्रांड की स्थायी पहचान:**

  Logo आपकी पहचान को स्थायी बनाता है। भविष्य में चाहे आप मर्चेंडाइज लॉन्च करें, कोर्सेज बनाएं या सर्विसेज ऑफर करें – आपका Logo ही आपकी सबसे बड़ी पहचान बनेगा।

- **विश्वास और निष्ठा:**

  एक सुंदर और प्रोफेशनल Logo दर्शकों में विश्वास पैदा करता है। जब वे बार-बार वही Logo देखते हैं, तो आपके ब्रांड से उनका भावनात्मक जुड़ाव गहरा होता है।

- **ब्रांड का विस्तार:**

  जैसे-जैसे आपका चैनल बड़ा होता जाएगा, वैसे-वैसे आप अलग-अलग क्षेत्रों में विस्तार करेंगे – वेबसाइट, सोशल मीडिया, ऐप्स, फिजिकल प्रोडक्ट्स – हर जगह Logo आपकी ब्रांडिंग का केंद्र रहेगा।

8.3 Logo डिजाइन करते समय किन बातों का ध्यान रखें?

- **सरलता और साफ-सफाई:**

  Logo जितना सरल होगा, उतना ज्यादा यादगार रहेगा। जटिल डिजाइनों से बचिए। एक क्लीन, साफ और शार्प डिजाइन हमेशा लंबे समय तक याद रहता है।

- **अद्वितीयता:**

  आपका Logo अलग दिखना चाहिए। ऐसा न हो कि वह किसी और के ब्रांड या चैनल से मिलता-जुलता लगे।

- **रंग और फॉन्ट का सही चुनाव:**

  रंगों का चुनाव सोच-समझकर करें। जैसे – नीला रंग भरोसे का प्रतीक है, लाल रंग ऊर्जा और जुनून दिखाता है। फॉन्ट भी ऐसा हो जो पढ़ने में साफ और प्रोफेशनल लगे।

- **स्केलेबिलिटी:**

  Logo हर साइज में अच्छा दिखना चाहिए – चाहे यूट्यूब प्रोफाइल पिक्चर हो, मोबाइल स्क्रीन हो या बड़ा पोस्टर।

8.4 Logo का ब्रांड, प्रोडक्ट्स और सर्विसेस में असर

- **Logo आपके प्रोडक्ट्स को एक मजबूत और यादगार ब्रांड पहचान देता है:** अगर आप भविष्य में मर्चेंडाइज (जैसे टी-शर्ट, कैप, बैग) लॉन्च करेंगे, तो Logo ही आपके प्रोडक्ट्स को पहचान दिलाएगा।

- **डिजिटल दुनिया में मजबूती:**

  आपकी वेबसाइट, सोशल मीडिया पेज, मोबाइल एप – हर जगह Logo ब्रांड की स्थायी छवि बनाएगा।

- **वैश्विक पहचान:**

  अगर आपका चैनल या ब्रांड अंतरराष्ट्रीय स्तर पर फैलेगा, तो Logo ही वो चीज़ होगी जिसे दुनियाभर के लोग तुरंत पहचानेंगे।

- **फ्यूचर ग्रोथ और नए प्रोजेक्ट्स:**

  जब आप नए प्रोजेक्ट्स, बिजनेस या सर्विसेज लॉन्च करेंगे, तब एक मजबूत Logo आपके सभी कामों को एक सूत्र में बाँधने का काम करेगा।

निष्कर्ष:

Logo कोई साधारण चित्र नहीं है। यह आपके ब्रांड की पहचान, आपके यूट्यूब चैनल की आत्मा, और आपके भविष्य के बिजनेस का आधार है।

एक अच्छा, सरल, यादगार और प्रभावी Logo न केवल आपको प्रोफेशनल बनाता है, बल्कि आपके दर्शकों के दिलों में एक मजबूत जगह भी बनाता है।

यही Logo भविष्य में आपके हर प्रोडक्ट, हर सर्विस, और हर नई शुरुआत के साथ आपकी पहचान को मजबूती से आगे बढ़ाएगा।

इसलिए Logo बनाते समय जल्दबाज़ी मत करिए। सोच-समझकर, रिसर्च के साथ और दिल से एक ऐसा Logo बनाइए जो आपके ब्रांड के सपनों को उड़ान दे सके।

अध्याय 8 (भाग 2)

यूट्यूब चैनल का Logo और Channel Art – आपकी पहचान की असली कहानी

सारांश:

अभी आपने जाना कि Logo क्यों ज़रूरी है।

अब बात करते हैं Channel Art की – यानी आपके चैनल का वो हिस्सा जो सबसे पहले नज़र आता है।

साथ ही, जानेंगे कि अगर Logo और Channel Art पर सही से ध्यान नहीं दिया गया, तो आगे चलकर कितना बड़ा नुकसान हो सकता है।

8.5   Channel Art का मतलब क्या है और क्यों ज़रूरी है?

Channel Art यानी आपका यूट्यूब बैनर – वो बड़ा सा कवर जो आपके चैनल के टॉप पर दिखता है।

पहली नज़र में यही बताता है कि आपका चैनल किस बारे में है और कितना प्रोफेशनल है।

1. पहली छाप बनाना:

जब कोई नया दर्शक आपके चैनल पर आता है, तो सबसे पहले उसका सामना आपके Channel Art से होता है।

अगर ये साफ, सुंदर और सही से डिज़ाइन किया गया हो – तो दर्शक का दिल खुश हो जाता है और वह आपके कंटेंट को जानने में रुचि लेता है।

2. चैनल की थीम और मकसद साफ़ दिखाना:

Channel Art में आपको अपने चैनल का असली मकसद दिखाना चाहिए।

जैसे – अगर आपका चैनल फिटनेस पर है तो कुछ फिटनेस-टच वाली डिजाइन रखें, या कोई एनर्जेटिक टैगलाइन जोड़ें।

यह सब देखने से लोग समझ जाएंगे कि उन्हें आपके चैनल से क्या मिलेगा।

3. ब्रांडिंग में एकरूपता (Consistency):

आपका Logo और Channel Art एक जैसे रंगों, फॉन्ट्स और थीम में होना चाहिए।

ऐसा नहीं कि Logo अलग दिखे और Banner अलग!

जब सबकुछ मेल खाता है, तो आपके ब्रांड पर भरोसा बनता है।

4. छोटे-छोटे काम कीजिए, बड़े असर होंगे:

Channel Art में आप अपलोड शेड्यूल भी बता सकते हैं – जैसे, "नई वीडियो हर सोमवार और शुक्रवार!"

इससे लोग तय समय पर आपके चैनल पर लौटते रहेंगे।

5. सही साइज़ और डिजाइन:

यूट्यूब के हिसाब से Channel Art का साइज़ होना चाहिए – **2560 x 1440 pixels**

लेकिन जो "Safe Area" है (यानी जो मोबाइल से लेकर टीवी तक हर जगह सही से दिखेगा), वो **1546 x 423 pixels** के बीच होता है।

यही पर सबसे जरूरी बातें रखें।

8.6 अगर Logo और Channel Art में गड़बड़ की, तो क्या हो सकता है?

1. पहचान का गड़बड़ाना:

अगर आपका Logo या Banner सही नहीं है, तो लोग आपको याद ही नहीं रख पाएंगे।

आप कितनी भी मेहनत से वीडियो बनाइए, अगर पहचान कमजोर रही तो ग्रोथ धीमी हो जाएगी।

2. सर्च और SEO पर असर:

कमज़ोर Branding का मतलब है – लोग आपको सर्च में कम पाएंगे।

आपका चैनल भीड़ में खो जाएगा।

3. भविष्य की Branding और Products में दिक्कत:

मान लीजिए, आप आगे चलकर कोई मर्चेंडाइज बेचना चाहते हैं – जैसे टी-शर्ट्स, मग्स वगैरह।

अगर आपकी ब्रांड पहचान ही कमजोर है, तो लोग आपके प्रोडक्ट को पहचान ही नहीं पाएंगे।

और बिक्री पर सीधा असर पड़ेगा।

4. प्रोफेशनल अपील कम होना:

याद रखिए – दुनिया अब पहले आपके चैनल का लुक देखती है, फिर कंटेंट देखती है।

अगर लुक प्रोफेशनल नहीं लगा, तो दर्शक आपके कंटेंट को भी हल्के में ले सकते हैं।

निष्कर्ष:

Logo और Channel Art – ये आपके यूट्यूब सफर की बुनियाद हैं।

अगर आप शुरुआत से इन पर ध्यान देंगे, तो आपका ब्रांड मजबूत बनेगा, ऑडियंस जुड़ेगी और आप लंबी रेस के खिलाड़ी बन पाएंगे।

अगर लापरवाही की – तो पहचान कमजोर होगी, ग्रोथ धीमी होगी, और भविष्य के बड़े मौके हाथ से निकल सकते हैं।

तो, याद रखिए – Logo और Channel Art बनाइए, मगर सोच-समझकर और दिल लगाकर।

अध्याय 9

यूट्यूब चैनल का डिस्क्रिप्शन (About सेक्शन) – आपकी पहचान का पहला कदम

छोटा सा सारांश:

इस अध्याय में हम सीखेंगे कि यूट्यूब चैनल के "About" सेक्शन का क्या रोल है, उसमें क्या लिखना चाहिए, कौन से लिंक जोड़ने चाहिए, ईमेल देना चाहिए या नहीं, और अगर ये ठीक से नहीं किया तो क्या नुकसान हो सकता है। यह छोटा-सा सेक्शन आपके चैनल की सर्च में रैंकिंग से लेकर ऑडियंस के जुड़ाव तक बहुत फर्क डालता है।

9.1 "About" सेक्शन क्यों जरूरी है?

जब कोई नया व्यक्ति आपके चैनल पर आता है, तो सबसे पहले वो आपके "About" सेक्शन को भी चेक करता है।

यह बताता है कि आपका चैनल किस बारे में है, क्या-क्या मिलेगा, और क्यों उसे आपको फॉलो करना चाहिए।

सिर्फ ऑडियंस ही नहीं, यूट्यूब का एल्गोरिथम भी इसी जानकारी से आपके चैनल को समझता है और उसे सही लोगों तक पहुँचाता है।

9.2 "About" सेक्शन में क्या-क्या जरूर लिखना चाहिए?

1. चैनल का मकसद बताइए:

जैसे –

"यह चैनल हेल्थ और फिटनेस से जुड़ी जरूरी जानकारियाँ देने के लिए बनाया गया है।"

2. ऑडियंस को क्या मिलेगा:

बताइए कि आपके चैनल पर कौन-कौन से वीडियो मिलेंगे।

जैसे –

"यहाँ आपको वर्कआउट रूटीन, हेल्दी रेसिपीज और फिटनेस टिप्स मिलेंगी।"

3. अपलोड शेड्यूल बताइए:

अगर आप हफ्ते में एक या दो दिन वीडियो अपलोड करते हैं तो ज़रूर लिखिए।

जैसे –

"हर बुधवार और शनिवार को नया वीडियो!"

4. थोड़ा अपना इमोशनल टच दीजिए:

जैसे –

"मैंने ये चैनल शुरू किया क्योंकि मैं चाहता हूँ कि लोग फिट और हेल्दी रहें।"

ऐसे बातें ऑडियंस को आपसे जोड़ती हैं।

9.3 कौन-कौन से लिंक जोड़ने चाहिए?

- अपने इंस्टाग्राम, फेसबुक, ट्विटर जैसे सोशल मीडिया लिंक।
- अगर कोई वेबसाइट या ब्लॉग है तो उसका लिंक।

- अगर कोई प्रोडक्ट बेचते हैं या एफिलिएट लिंक है, तो वो भी दे सकते हैं।

लिंक साफ और सही तरीके से दीजिए, ताकि लोगों को कंफ्यूजन न हो।

9.4 क्या ईमेल ऐड करना चाहिए?

हां, अगर:

- आप चाहते हैं कि ब्रांड्स आपसे बिजनेस डील्स के लिए संपर्क करें।
- आपके पास एक प्रोफेशनल ईमेल हो जैसे contact@yourchannel.com

नहीं, अगर:

- आप प्राइवेसी को लेकर ज्यादा सतर्क हैं या स्पैम ईमेल से बचना चाहते हैं। (ऐसे में सोशल मीडिया लिंक ही काफी हैं।)

9.5 अगर डिस्क्रिप्शन अधूरा या गलत हो तो क्या नुकसान हो सकता है?

- लोग आपके चैनल के मकसद को नहीं समझ पाएंगे।
- यूट्यूब पर आपका चैनल सर्च रिजल्ट में नीचे चला जाएगा।
- दर्शक आपके चैनल से जल्दी जुड़ नहीं पाएंगे और सब्सक्राइबर भी कम बनेंगे।

निष्कर्ष:

"About" सेक्शन छोटा है, लेकिन इसका असर बहुत बड़ा है।

यह आपके चैनल की पहली पहचान बनाता है और आपके ऑडियंस से रिश्ता जोड़ता है।

अगर आपने इस सेक्शन को सही से लिखा, सही लिंक और सही बातें डालीं, तो आपके चैनल की ग्रोथ और ब्रांडिंग दोनों तेजी से बढ़ सकती है।

तो ध्यान रहे –

"About" सेक्शन सिर्फ एक फॉर्मेलिटी नहीं है, यह आपके सपनों की नींव है।

अध्याय 9 (भाग 2)

यूट्यूब चैनल का डिस्क्रिप्शन ("About" सेक्शन) – पहचान, विश्वसनीयता और ग्रोथ पर सीधा असर

सारांश:

इस भाग में हम जानेंगे कि अगर आपके यूट्यूब चैनल के "About" सेक्शन को सही से नहीं भरा गया, या उसमें जरूरी जानकारी (जैसे कि ईमेल, लिंक) नहीं जोड़ी गई, तो इससे आपके चैनल की ग्रोथ, ब्रांडिंग और दर्शकों के साथ संबंधों पर कितना नकारात्मक असर पड़ सकता है। एक अधूरा या कमजोर डिस्क्रिप्शन आपके चैनल की पहचान और विश्वसनीयता को नुकसान पहुँचा सकता है, जो लंबे समय में सफलता के रास्ते में बड़ी रुकावट बन सकता है।

9.6 सही डिस्क्रिप्शन और पूरी जानकारी न होने से होने वाली समस्याएँ

1. दर्शकों के जुड़ाव में कमी:

अगर "About" सेक्शन अधूरा या उलझाऊ है, तो नए दर्शक आपके चैनल से जुड़ने से हिचकिचाएंगे।

कई बार लोग डिस्क्रिप्शन पढ़कर ही तय करते हैं कि वे चैनल को सब्सक्राइब करेंगे या नहीं।

अगर उन्हें वहां से साफ जानकारी नहीं मिलती, तो वे बिना जुड़े ही चैनल छोड़ सकते हैं।

उदाहरण:

अगर चैनल का नाम "Tech World" है लेकिन "About" सेक्शन में टेक्नोलॉजी का ज़िक्र ही नहीं है, तो दर्शक उलझन में पड़ सकते हैं और आपके चैनल को सीरियसली नहीं लेंगे।

2. SEO और यूट्यूब एल्गोरिदम पर असर:

यूट्यूब का एल्गोरिदम डिस्क्रिप्शन को भी स्कैन करता है।

अगर डिस्क्रिप्शन में सही कीवर्ड्स नहीं हैं, तो चैनल को सर्च रिजल्ट्स में नीचे धकेल दिया जाता है।

नतीजा:

- नए दर्शकों तक चैनल नहीं पहुँच पाता।
- व्यूज और सब्सक्राइबर की ग्रोथ रुक जाती है।
- वॉच टाइम पर भी बुरा असर पड़ता है।

3. प्रोफेशनल अपील में कमी:

अगर आपका डिस्क्रिप्शन आधा-अधूरा या बेसिर-पैर का लिखा है, तो चैनल अनप्रोफेशनल लगेगा।

और दर्शक ऐसे चैनल्स पर भरोसा नहीं करते।

नतीजा:

- ब्रांड की विश्वसनीयता कम हो जाती है।
- लोग आपके कंटेंट को गंभीरता से नहीं लेते।
- ऑडियंस एंगेजमेंट घटने लगता है।

4. ब्रांडिंग और एकरूपता में गड़बड़ी:

Logo, Channel Art और डिस्क्रिप्शन – ये सब मिलकर आपके चैनल की एक ब्रांड पहचान बनाते हैं।

अगर डिस्क्रिप्शन कमजोर है, तो आपके ब्रांड की Consistency टूट जाती है।

नतीजा:

- दर्शकों को यह ठीक से समझ नहीं आता कि आपका चैनल किस उद्देश्य से है और आपका ब्रांड क्या दर्शाता है।
- भविष्य में अगर आप बिजनेस बढ़ाना चाहें तो मुश्किलें आती हैं।

5. बिजनेस और स्पॉन्सरशिप के मौके चूकना:

अगर आपने प्रोफेशनल ईमेल या कॉन्टैक्ट लिंक डिस्क्रिप्शन में नहीं दिया,

तो ब्रांड्स और कंपनियाँ आपसे संपर्क नहीं कर पाएंगी।

नतीजा:

- Sponsorship Deals हाथ से निकल जाती हैं।
- Collaboration के मौके कम हो जाते हैं।
- Potential Revenue का नुकसान होता है।

6. दर्शकों के साथ कम Interaction:

अगर "About" सेक्शन में आपके सोशल मीडिया लिंक या वेबसाइट का लिंक नहीं है,

तो दर्शकों को आपसे जुड़ने में मुश्किल होगी।

नतीजा:

- ऑडियंस का रिश्ता कमजोर होगा।
- Community Building पर असर पड़ेगा।
- लॉयल फॉलोअर्स बनाने में कठिनाई होगी।

9.7 सही डिस्क्रिप्शन, लिंक, और ईमेल जोड़ने से कैसे फर्क पड़ता है?

1. तेजी से ऑडियंस ग्रोथ:

सही जानकारी और क्लियर डिस्क्रिप्शन से नए दर्शक जल्दी चैनल से जुड़ते हैं।

वो चैनल को गंभीरता से लेते हैं और सब्सक्राइब करने के लिए प्रेरित होते हैं।

2. बेहतर SEO और वॉच टाइम:

डिस्क्रिप्शन में सही कीवर्ड्स से यूट्यूब एल्गोरिदम आपके चैनल को सही ऑडियंस तक पहुँचाता है।

नतीजा – ज़्यादा Views, ज़्यादा Watch Time और तेज़ी से ग्रोथ।

3. बिजनेस और ब्रांडिंग के बड़े मौके:

जब आपके पास प्रोफेशनल ईमेल और कॉन्टैक्ट डिटेल्स होती हैं,

तो ब्रांड्स और स्पॉन्सर्स आपसे आसानी से संपर्क कर सकते हैं।

इससे आपकी इनकम के नए रास्ते खुलते हैं।

निष्कर्ष:

"About" सेक्शन छोटा दिखता है, लेकिन यूट्यूब पर आपकी सफलता में इसकी बहुत बड़ी भूमिका है।

अगर आप इसमें साफ, सटीक और सही जानकारी देते हैं –

तो आपके चैनल की सर्च रैंकिंग, ऑडियंस जुड़ाव और ब्रांड वैल्यू तेजी से बढ़ सकती है।

लेकिन अगर आप इसे हल्के में लेते हैं, तो आपके चैनल की पहचान, ग्रोथ और इनकम सभी पर बुरा असर पड़ सकता है।

तो याद रखिए –

"About" सेक्शन सिर्फ एक जानकारी नहीं है,

यह आपके ब्रांड का चेहरा है।

तो याद रखिए –

"About" सेक्शन सिर्फ एक जानकारी नहीं है,

यह आपके ब्रांड का चेहरा है।

अध्याय 10

यूट्यूब चैनल की पूरी सेटिंग्स – सफलता की असली कुंजी

सारांश:

इस अध्याय में हम विस्तार से समझेंगे कि यूट्यूब चैनल की सभी सेटिंग्स को सही ढंग से कैसे कस्टमाइज़ किया जाए। एक मजबूत सेटिंग्स संरचना आपके चैनल की ग्रोथ, ब्रांडिंग और मोनेटाइजेशन को सीधा प्रभावित करती है। हर सेटिंग को सही तरीके से समझना और लागू करना आपको यूट्यूब एल्गोरिदम का अधिकतम लाभ दिला सकता है और आपके चैनल की खोजयोग्यता (discoverability) को बढ़ा सकता है।

10.1 बेसिक सेटअप

1. चैनल का नाम और डिस्क्रिप्शन:

आपके चैनल का नाम और डिस्क्रिप्शन ही वह पहली चीज़ हैं जो दर्शकों को आपके बारे में बताते हैं। इसलिए डिस्क्रिप्शन ऐसा हो जो आपके चैनल के मकसद को साफ-साफ समझाए, आपके कंटेंट की झलक दे, और दर्शकों को यह अहसास कराए कि उन्हें आपके चैनल से क्या-क्या फायदा मिलेगा।

2. भाषा और लोकेशन:

चैनल की भाषा और लोकेशन सेट करने से यूट्यूब सही दर्शकों तक आपका कंटेंट पहुंचा सकता है। 2025 में यूट्यूब ने भाषा के आधार पर और भी ज्यादा ऑडियंस टारगेटिंग शुरू कर दी है, इसलिए इसे सही ढंग से भरना जरूरी है।

3. चैनल टैग्स:

चैनल टैग्स आपके चैनल के मुख्य विषयों को दर्शाते हैं। सही कीवर्ड्स (जैसे "टेक टिप्स", "फूड रेसिपी", "मोटिवेशनल स्पीच") टैग करने से सर्च रैंकिंग बेहतर होती है और एल्गोरिथम को आपकी चैनल थीम समझने में मदद मिलती है।

10.2 कस्टम URL

जब आपके चैनल पर **100 सब्सक्राइबर्स, 30 दिन पुराना चैनल**, प्रोफाइल फोटो, और बैनर फोटो की शर्तें पूरी हो जाती हैं, तब आप एक कस्टम URL क्लेम कर सकते हैं।

कस्टम URL आपके ब्रांड की यादगार पहचान बनाता है, जैसे:

www.youtube.com/@YourChannelName

10.3 अपलोड डिफॉल्ट सेटिंग्स

1. डिफॉल्ट टाइटल, डिस्क्रिप्शन और टैग्स:

हर वीडियो में बार-बार एक जैसा बेसिक डिस्क्रिप्शन और टैग जोड़ने के लिए आप अपलोड डिफॉल्ट सेट कर सकते हैं। इससे अपलोडिंग प्रोसेस फास्ट और प्रोफेशनल बनता है।

2. गोपनीयता सेटिंग्स (Privacy):

हर वीडियो के लिए डिफॉल्ट सेट करें कि वह पब्लिक होगा, प्राइवेट या अनलिस्टेड।

- **Public:** सभी को दिखेगा।
- **Unlisted:** लिंक से किसी को भेज सकते हैं।
- **Private:** सिर्फ आप या आप द्वारा अनुमति प्राप्त लोग देख सकते हैं।

10.4 मोनेटाइजेशन सेटिंग्स

1. यूट्यूब पार्टनर प्रोग्राम (YPP):

2025 में भी YPP के लिए वही बेसिक शर्तें हैं:

- 1000 सब्सक्राइबर्स
- पिछले 12 महीनों में 4000 घंटे वॉच टाइम
- या
- पिछले 90 दिनों में 3 मिलियन (30 लाख) Shorts व्यूज

2. विज्ञापन फॉर्मेट्स:

अब और ज्यादा विकल्प हैं जैसे:

- Skippable Ads
- Non-Skippable Ads
- Bumper Ads (6 सेकंड)
- Overlay Ads
- Display Ads
- Shorts Ads
- सही ऐड फॉर्मेट चुनने से ज्यादा कमाई और बेहतर यूज़र एक्सपीरियंस दोनों मिल सकते हैं।

10.5 चैनल लेआउट और फीचर्ड सेक्शन

1. चैनल लेआउट:

अपने होमपेज को प्रोफेशनली सजाएं।

- ट्रेलर वीडियो (नए विजिटर्स के लिए)

- फीचर्ड वीडियो (सब्सक्राइबर्स के लिए)
- महत्वपूर्ण प्लेलिस्ट्स

2. फीचर्ड चैनल्स और प्लेलिस्ट्स:

दर्शकों को अपने और रिलेटेड चैनल्स सुझाएँ या अपनी बेस्ट प्लेलिस्ट्स को हाइलाइट करें ताकि व्यूअरशिप बढ़े।

10.6 ब्रांडिंग सेटिंग्स

1. चैनल का Logo और Channel Art:

ब्रांड की एक मजबूत और यादगार पहचान के लिए प्रोफेशनल Logo और Channel Art अनिवार्य है। इन्हें मोबाइल, टैबलेट, और टीवी स्क्रीन के अनुसार डिजाइन करें।

2. वॉटरमार्क:

हर वीडियो में एक छोटा वॉटरमार्क (जैसे Subscribe बटन) ऐड करें जिससे दर्शक सीधे वीडियो पर क्लिक करके चैनल सब्सक्राइब कर सकें।

10.7 एडवांस सेटिंग्स

1. चैनल कैटेगरी:

अपने चैनल के कंटेंट के अनुसार सही कैटेगरी (जैसे Education, Gaming, Lifestyle, Tech) सेलेक्ट करें ताकि एल्गोरिथम सही दर्शकों को आपका कंटेंट दिखाए।

2. ऑटोमेटेड कैप्शनिंग और सबटाइटल्स:

2025 में यूट्यूब ने ऑटो-ट्रांसलेशन और मल्टी-लैंग्वेज सपोर्ट को और अधिक उन्नत बना दिया है। अब आप न केवल सबटाइटल्स जोड़कर, बल्कि ऑडियो को विभिन्न भाषाओं में डब करके या डब करवाकर भी अपनी ऑडियंस को

वैश्विक स्तर पर बढ़ा सकते हैं। इससे आपका कंटेंट दुनिया भर के दर्शकों के लिए अधिक सुलभ और प्रभावी बनता है, जिससे व्यूज, सब्सक्राइबर्स और कमाई तीनों में बड़ा इज़ाफा हो सकता है।

निष्कर्ष:

यूट्यूब चैनल की सेटिंग्स केवल एक औपचारिकता नहीं हैं, बल्कि आपकी सफलता का आधार हैं।

हर सेटिंग – चाहे वह चैनल का नाम हो, डिस्क्रिप्शन हो, मोनेटाइजेशन हो या ब्रांडिंग – आपके चैनल की पहचान, ग्रोथ और इनकम को सीधा प्रभावित करती है।

सही सेटिंग्स = तेज़ ग्रोथ + मजबूत ब्रांडिंग + अधिक कमाई।

इसलिए हर एक सेटिंग को सोच-समझकर और पूरी गंभीरता से भरें।

अध्याय 10 (भाग 2)

यूट्यूब चैनल की सेटिंग्स का सही महत्व

सारांश:

अगर यूट्यूब चैनल की सेटिंग्स को सही ढंग से नहीं किया गया, तो चैनल की ग्रोथ, ब्रांडिंग, ऑडियंस एंगेजमेंट और कमाई पर बुरा असर पड़ सकता है। सही सेटिंग्स आपके चैनल को तेजी से बढ़ाने और प्रोफेशनल ब्रांड बनाने की नींव होती हैं।

1. बेसिक सेटअप न करने के नुकसान:

- नाम और डिस्क्रिप्शन अस्पष्ट हो तो दर्शक जुड़ नहीं पाते।
- भाषा और लोकेशन सेट न होने से गलत ऑडियंस तक कंटेंट पहुंचता है।
- चैनल टैग्स न होने से सर्च रैंकिंग कमजोर।

2. कस्टम URL न बनाने का नुकसान:

- चैनल का लिंक याद रखना मुश्किल।
- ब्रांड पहचान कमजोर।

3. अपलोड डिफॉल्ट्स न सेट करने का नुकसान:

- हर वीडियो अपलोड में समय बर्बाद।
- SEO और कंटेंट निरंतरता में गिरावट।

4. मोनेटाइजेशन सेटिंग्स न करने का नुकसान:

- कमाई का मौका गंवाना।
- गलत विज्ञापन फॉर्मेट से व्यूअरशिप पर असर।

5. चैनल लेआउट और फीचर्ड सेक्शन न बनाने का नुकसान:

- दर्शक चैनल पर समय नहीं बिताते।
- महत्वपूर्ण वीडियो छूट जाते हैं।

6. ब्रांडिंग न करने का नुकसान:

- प्रोफेशनल पहचान नहीं बनती।
- सब्सक्राइबर्स बढ़ने की गति धीमी होती है।

7. एडवांस सेटिंग्स न करने का नुकसान:

- गलत ऑडियंस तक कंटेंट पहुंचता है।
- अंतरराष्ट्रीय व्यूअरशिप में कमी आती है।

निष्कर्ष:

हर सेटिंग – चाहे वह नाम, डिस्क्रिप्शन, टैग्स, मोनेटाइजेशन, या ब्रांडिंग हो – यूट्यूब पर सफलता का रास्ता तय करती है।

गलत या अधूरी सेटिंग्स आपके चैनल को पीछे ले जाती हैं।

इसलिए हर सेटिंग को गंभीरता से और रणनीति के साथ भरिए।

अध्याय 11

डिजिटल युग में सही जानकारी और अपडेट्स तक पहुँचने की कुंजी (हर समय के लिए प्रासंगिक)

सारांश:

यह अध्याय आपको यह समझाने के लिए है कि आप किसी भी समय, किसी भी दौर में सही जानकारी कैसे प्राप्त कर सकते हैं और बदलते सोशल मीडिया अपडेट्स के साथ कैसे तालमेल बिठा सकते हैं। यह किताब किसी एक साल तक सीमित नहीं है – चाहे आप इसे 2025 में पढ़ रहे हों या 2030 में – इसमें दी गई रणनीतियाँ हर समय के लिए प्रासंगिक और प्रभावी रहेंगी।

अगर आप इस बुक के सिद्धांतों का पालन करते हैं और समय के अनुसार खुद को अपडेट रखते हैं, तो आप हर दौर में सोशल मीडिया पर सफल हो सकते हैं।

1. सही जानकारी सर्च करने के तरीके

जब आप सोशल मीडिया ग्रोथ या कंटेंट क्रिएशन से जुड़ी जानकारी चाहते हैं, तो सबसे जरूरी होता है – सही और सटीक जानकारी खोजना।

यह कौशल हर साल, हर समय के लिए जरूरी रहेगा।

1.1 सही कीवर्ईस का चुनाव

सर्च करते समय सही कीवर्ईस का इस्तेमाल सबसे महत्वपूर्ण है। सामान्य शब्दों की जगह थोड़ा स्पेसिफिक और टारगेटेड कीवर्ईस का उपयोग करें। उदाहरण:

- "बेस्ट वीडियो एडिटिंग ऐप्स फॉर यूट्यूब"

- "मोबाइल से वीडियो एडिटिंग कैसे करें"
- "शॉर्ट्स बनाने के टॉप फ्री टूल्स"
- "यूट्यूब चैनल ग्रोथ स्ट्रेटेजी 2025"

टिप:

हमेशा ट्रेंडिंग और संबंधित कीवर्ड्स का प्रयोग करें ताकि आपको नवीनतम और उपयोगी जानकारी मिले।

1.2 वीडियो का टाइटल और थंबनेल जाँचें

जब यूट्यूब पर कोई जानकारी ढूंढें, तो वीडियो का टाइटल और थंबनेल देखकर अंदाजा लगाएँ कि वीडियो प्रोफेशनल है या नहीं।

साफ-सुथरा, स्पष्ट और टॉपिक से जुड़ा टाइटल व थंबनेल – एक अच्छे वीडियो की पहचान हैं।

1.3 कमेंट्स, लाइक्स और डिसलाइक्स को ध्यान से देखें

किसी वीडियो या ब्लॉग की क्वालिटी का अंदाजा वहां के कमेंट्स, लाइक्स और डिसलाइक्स देखकर लगाया जा सकता है।

अगर लोग सकारात्मक प्रतिक्रिया दे रहे हैं, तो समझिए जानकारी भरोसेमंद है।

1.4 रिव्यू और ट्यूटोरियल्स देखें

अगर आप किसी टूल, ऐप या प्लेटफॉर्म के बारे में जानना चाहते हैं, तो सटीक रिव्यू और ट्यूटोरियल्स देखें। उदाहरण:

- "Canva फ्री वर्सेस पेड फीचर्स 2025"
- "CapCut वीडियो एडिटिंग फुल ट्यूटोरियल"
- "इंस्टाग्राम रील्स बनाने का सही तरीका"

रिव्यू और गाइड्स हर समय के लिए अमूल्य रहेंगे।

2. सोशल मीडिया अपडेट्स के साथ कैसे जुड़े रहें

सोशल मीडिया प्लेटफॉर्म्स लगातार बदलते रहते हैं – नए फीचर्स, नए नियम और नया एल्गोरिदम।

अगर आप इन बदलावों से अपडेट नहीं रहेंगे, तो पीछे छूट सकते हैं।

2.1 अपडेट्स का महत्व

हर साल, हर कुछ महीनों में यूट्यूब, इंस्टाग्राम, फेसबुक जैसे प्लेटफॉर्म्स एल्गोरिदम और पॉलिसी में बदलाव करते हैं।

ये अपडेट्स सीधे आपके कंटेंट की पहुंच (Reach), ग्रोथ और इनकम को प्रभावित करते हैं।

इसलिए समय के साथ बदलना जरूरी है।

2.2 अपडेट्स को कैसे ट्रैक करें

- ऑफिशियल ब्लॉग्स पढ़ें:
  - यूट्यूब क्रिएटर्स ब्लॉग
  - इंस्टाग्राम बिज़नेस ब्लॉग
  - मेटा न्यूज रूम

- गूगल अलर्ट्स सेट करें:

  सोशल मीडिया से जुड़े अपडेट्स के लिए गूगल न्यूज अलर्ट सेट करें ताकि अपडेट आते ही आपको मेल मिल जाए।

- रिलायबल यूट्यूब चैनल्स और वेबसाइट्स फॉलो करें:

  जो सोशल मीडिया अपडेट्स और स्ट्रेटेजी के बारे में नियमित वीडियो या लेख डालते हैं।

2.3 अपडेट्स के अनुसार कंटेंट और स्ट्रेटेजी बदलें

जैसे-जैसे नए फीचर्स आते हैं, आपको अपने कंटेंट को भी अपडेट करते रहना चाहिए।

उदाहरण:

- यूट्यूब ने "शॉर्ट्स" को प्रमोट करना शुरू किया – तो शॉर्ट्स बनाइए।
- इंस्टाग्राम ने "रील्स" को आगे बढ़ाया – तो रील्स पर फोकस करिए।
- नए SEO अपडेट्स आए – तो टाइटल, डिस्क्रिप्शन, टैग्स को नए तरीके से लिखिए।

सीखने और एडजस्ट करने की क्षमता ही आपको हर समय सफल बनाएगी।

3. इस अध्याय का महत्व

यह अध्याय इसलिए महत्वपूर्ण है क्योंकि:

- सोशल मीडिया पर केवल एक बार सीखी हुई बातें काम नहीं करेंगी।
- लगातार बदलावों के साथ चलने की आदत ही आपको लॉन्ग टर्म सक्सेस दिलाएगी।
- समय के साथ खुद को अपडेट करने वाला ही सोशल मीडिया पर बड़ा ब्रांड बना सकता है।

यह किताब आपको मजबूत नींव देती है – लेकिन भविष्य में सफलता आपकी सीखते रहने और बदलते रहने की आदत पर निर्भर करेगी।

निष्कर्ष:

- यह किताब हर समय, हर साल के लिए प्रासंगिक है।
- यहाँ दी गई रणनीतियाँ और सिद्धांत कभी पुराने नहीं होंगे।
- आपको सिर्फ समय के अनुसार खुद को अपडेट करते रहना है।

- सीखना कभी बंद नहीं करना है।

- और लगातार सुधार करते रहना है।

चाहे 2025 हो या 2035 – अगर आप इस किताब की मूल बातें अपनाएँगे और समय के अनुसार खुद को अपडेट करते रहेंगे, तो आप हमेशा सोशल मीडिया पर सफल रहेंगे।

अध्याय 12

कौन सा प्लेटफार्म चुने? YouTube, Instagram या Facebook?

अब तक, आपने अपना चैनल सेटअप कर लिया है, सही जानकारी ले ली है और यह समझ लिया है कि कंटेंट कैसे बनाया जाता है। लेकिन अब आपके मन में यह सवाल आ रहा होगा कि हमें सबसे पहले YouTube पर कंटेंट डालना चाहिए या Instagram और Facebook जैसे अन्य प्लेटफार्म पर भी अपनी वीडियो अपलोड करनी चाहिए?

इसके साथ ही, यह सवाल भी उठता है कि हमें पहले लॉन्ग-फॉर्म कंटेंट बनाना चाहिए या शॉर्ट-फॉर्म कंटेंट? यह निर्णय लेना बेहद महत्वपूर्ण है, क्योंकि इससे आपकी ग्रोथ, आपकी ऑडियंस और आपकी इनकम पर सीधा असर पड़ता है। इस अध्याय में हम इन सभी चीजों पर विस्तार से चर्चा करेंगे ताकि आप अपने लिए सही प्लेटफॉर्म और सही कंटेंट स्ट्रेटेजी चुन सकें।

कौन सा प्लेटफार्म बेहतर है?

आज के समय में **YouTube, Instagram और Facebook** तीनों बड़े कंटेंट पब्लिशिंग प्लेटफॉर्म हैं, लेकिन हर एक की अपनी अलग विशेषताएँ और फायदे-नुकसान हैं।

YouTube

YouTube सबसे बड़ा वीडियो प्लेटफार्म है और सबसे ज्यादा पैसा देने वाला प्लेटफार्म भी है। यहाँ लॉन्ग-फॉर्म वीडियो ज्यादा प्रचलित हैं, लेकिन **YouTube Shorts** भी बहुत तेजी से ग्रो कर रहा है। YouTube का **AdSense प्रोग्राम**

सबसे ज्यादा ट्रांसपेरेंट है, और यह कंटेंट क्रिएटर्स को ज्यादा फायदे देता है। यहाँ लंबे समय तक ग्रोथ बनाए रखना आसान है, क्योंकि YouTube का एल्गोरिदम आपके पुराने वीडियो को भी प्रमोट करता रहता है। अगर आपका मकसद लंबे समय तक पैसा कमाना और एक ब्रांड बनाना है, तो YouTube सबसे अच्छा विकल्प है।

Instagram

Instagram Reels बहुत तेजी से वायरल होती हैं, जिससे नई ऑडियंस जल्दी मिलती है। लेकिन Instagram पर सीधे **Ad Revenue नहीं मिलता** जैसा कि YouTube पर मिलता है। यहाँ ब्रांड डील्स, स्पॉन्सरशिप और एफिलिएट मार्केटिंग से पैसा कमाया जा सकता है। Instagram की ग्रोथ फास्ट होती है, लेकिन लंबे समय तक टिके रहना मुश्किल होता है। अगर आप जल्दी पॉपुलर होना चाहते हैं और ब्रांड डील्स से कमाना चाहते हैं, तो Instagram अच्छा प्लेटफार्म हो सकता है।

Facebook

Facebook वीडियो के लिए भी एक अच्छा प्लेटफॉर्म है, लेकिन यहाँ इनकम के मौके YouTube के मुकाबले कम होते हैं। Facebook पर **In-Stream Ads** से पैसा कमाया जा सकता है, लेकिन यह YouTube Ads की तरह स्थिर नहीं है। यहाँ ग्रोथ जल्दी हो सकती है, लेकिन Facebook एल्गोरिदम बार-बार बदलता रहता है, जिससे स्टेबिलिटी कम होती है। अगर आपकी टारगेट ऑडियंस Facebook पर ज्यादा एक्टिव है, तो यहाँ कंटेंट डालना अच्छा रहेगा, लेकिन यह YouTube का विकल्प नहीं हो सकता।

लॉन्ग-फॉर्म बनाएं या शॉर्ट-फॉर्म?

अब सवाल आता है कि हमें सबसे पहले लॉन्ग-फॉर्म वीडियो बनानी चाहिए या शॉर्ट-फॉर्म?

अगर आपका लक्ष्य जल्दी ग्रो करना है, तो पहले **YouTube Shorts और Instagram Reels** पर ध्यान दें।

अगर आप लंबे समय तक पैसा कमाना चाहते हैं, तो पहले **YouTube** पर **लॉन्ग-फॉर्म कंटेंट** बनाएं और धीरे-धीरे Shorts को एड करें।

अगर आप दोनों को बैलेंस करना चाहते हैं, तो **70% लॉन्ग-फॉर्म और 30% शॉर्ट-फॉर्म** वीडियो अपलोड करें।

कौन सा प्लेटफार्म ज्यादा पैसा देता है?

YouTube सबसे ज्यादा पैसा देता है, क्योंकि यहाँ **AdSense** का पूरा सेटअप है।

Instagram और Facebook ब्रांड डील्स और स्पॉन्सरशिप से पैसा देते हैं, लेकिन **YouTube जितना स्थिर नहीं है।**

अगर आपका लक्ष्य ज्यादा इनकम और स्टेबिलिटी है, तो **YouTube सबसे अच्छा ऑप्शन** है।

निष्कर्ष: क्या करें?

- **YouTube को अपना प्राथमिक प्लेटफार्म बनाएं।**
- **Instagram और Facebook का इस्तेमाल प्रमोशन के लिए करें, लेकिन उन पर पूरी तरह निर्भर न रहें।**
- शुरुआत में Shorts बनाएं, लेकिन धीरे-धीरे लॉन्ग-फॉर्म कंटेंट पर फोकस करें।
- जो भी प्लेटफार्म चुनें, वहाँ की मॉनेटाइजेशन पॉलिसी और ग्रोथ स्ट्रेटेजी को अच्छे से समझें।

अगर आप इन स्टेप्स को फॉलो करेंगे, तो न केवल सही प्लेटफार्म चुन पाएंगे, बल्कि ज्यादा पैसा कमाने और लंबे समय तक टिके रहने के लिए भी तैयार रहेंगे।

अध्याय 13

यूट्यूब वीडियो के लिए बेहतरीन रिसर्च कैसे करें?

जब आप अपना यूट्यूब चैनल शुरू करते हैं, तो आपके पास कोई ऑडियंस नहीं होती है। ऐसे में यह समझना बेहद जरूरी हो जाता है कि कैसे सही रिसर्च की जाए, ताकि आपकी वीडियो इन्फॉर्मेटिव, एंगेजिंग और हाई-क्वालिटी हो।

इस अध्याय में हम यह जानेंगे कि बिना ऑडियंस के आप कैसे रिसर्च कर सकते हैं और जब आपके पास ऑडियंस आ जाए, तो आप अपनी रिसर्च को और बेहतर कैसे बना सकते हैं।

1. जब आपके पास ऑडियंस नहीं हो

शुरुआती समय में, जब आपके पास कोई ऑडियंस नहीं होती, तब आपको खुद से रिसर्च करनी होती है। इसके लिए निम्नलिखित स्रोतों का उपयोग करें:

(A) गूगल सर्च और गूगल ट्रेंड्स

- गूगल सर्च: अपने टॉपिक को गूगल पर सर्च करें और टॉप रैंकिंग वेबसाइटों को पढ़ें।

- गूगल ट्रेंड्स: यह आपको बताएगा कि कौन-सा टॉपिक ट्रेंडिंग है और किन कीवर्ड्स पर ज्यादा सर्च हो रहा है।

(B) यूट्यूब सर्च और सर्च सजेशन

- यूट्यूब के सर्च बॉक्स में अपने टॉपिक से जुड़े कुछ शब्द टाइप करें, इससे आपको ऑटो सजेशन में सबसे अधिक खोजे जाने वाले कीवर्ड्स मिलेंगे।

- टॉप क्रिएटर्स की वीडियो देखें और उनके कमेंट सेक्शन को पढ़ें, ताकि पता चले कि लोग क्या सवाल पूछ रहे हैं।

(C) फोरम और क्वेश्चन-आंसर वेबसाइट्स

- **Quora और Reddit** पर अपने टॉपिक से जुड़े सवालों को पढ़ें और उनके उत्तरों को समझें।

- **AnswerThePublic** नामक वेबसाइट का उपयोग करके जानें कि लोग आपके टॉपिक से जुड़े कौन-कौन से सवाल पूछ रहे हैं।

(D) Niche Blogs और News Websites

- जिस भी टॉपिक पर आप वीडियो बनाना चाहते हैं, उससे जुड़े टॉप ब्लॉग्स और न्यूज़ वेबसाइट्स को पढ़ें।

- **Medium, HubSpot,** और अन्य ब्लॉगिंग प्लेटफॉर्म्स पर अपने टॉपिक के बारे में पढ़ें।

(E) यूट्यूब एनालिटिक्स और अन्य टूल्स

- **VidIQ और TubeBuddy** जैसे टूल्स का उपयोग करें। ये टूल्स आपको बताएंगे कि कौन-से कीवर्ड्स ट्रेंड कर रहे हैं और किन टॉपिक्स पर ज्यादा व्यूज़ आ रहे हैं।

- **SEMrush और Ahrefs** जैसी वेबसाइटों की मदद से भी कीवर्ड रिसर्च कर सकते हैं।

2. जब आपके पास ऑडियंस आ जाए

एक बार जब आपके पास ऑडियंस बन जाती है, तो आपको अपनी रिसर्च और भी बेहतर करने की जरूरत होती है। इसके लिए:

(A) अपनी ऑडियंस से डायरेक्ट सवाल पूछें

- कम्युनिटी पोस्ट डालें और अपने दर्शकों से पूछें कि वे किस टॉपिक पर वीडियो चाहते हैं।

- अपने वीडियो के कमेंट सेक्शन को **पढ़ें** और देखें कि लोग किन चीजों के बारे में ज्यादा पूछ रहे हैं।

(B) पोल और सर्वे करें

- यूट्यूब कम्युनिटी टैब, इंस्टाग्राम स्टोरीज़ और गूगल फॉर्म्स के जरिए ऑडियंस से फीडबैक लें।

(C) ट्रेंडिंग टॉपिक्स को मॉनिटर करें

- यूट्यूब और गूगल ट्रेंड्स पर नजर रखें।
- इंडस्ट्री से जुड़े न्यूज़ पोर्टल्स और सोशल मीडिया पर क्या ट्रेंड कर रहा है, इसे समझें।

(D) अन्य क्रिएटर्स के वीडियो पर ध्यान दें

- अपने निच के टॉप यूट्यूबर्स के वीडियो देखें और यह समझें कि वे कौन-से टॉपिक्स कवर कर रहे हैं।
- कमेंट्स पढ़कर यह जानें कि ऑडियंस और क्या देखना चाहती है।

(E) अपने यूट्यूब एनालिटिक्स का उपयोग करें

- यह देखें कि कौन-से वीडियो सबसे अच्छा परफॉर्म कर रहे हैं और ऑडियंस को किस तरह का कंटेंट पसंद आ रहा है।
- यूट्यूब का Audience Retention Graph देखें और समझें कि लोग कब वीडियो छोड़ रहे हैं और कब ज्यादा रुचि ले रहे हैं।

3. रिसर्च को और भी बेहतर कैसे करें?

- हर एंगल से रिसर्च करें: सिर्फ एक ही स्रोत पर निर्भर न रहें, बल्कि अलग-अलग स्रोतों से जानकारी इकट्ठा करें।
- सत्यापित करें: इंटरनेट पर कई बार गलत जानकारी भी होती है, इसलिए केवल भरोसेमंद वेबसाइट्स और रिपोर्ट्स का उपयोग करें।

- डेटा और फैक्ट्स को क्रॉस-चेक करें: जो भी आंकड़े या तथ्य आप वीडियो में बताने जा रहे हैं, उन्हें एक से अधिक स्रोतों से वेरीफाई करें।

- ऑडियंस की साइकॉलॉजी समझें: रिसर्च करते समय यह सोचें कि दर्शक को कौन-सी चीजें सबसे ज्यादा आकर्षित करेंगी और उसे क्या सीखने की जरूरत है।

निष्कर्ष: सही रिसर्च से हाई-क्वालिटी वीडियो कैसे बनाएं?

1. अगर आपके पास ऑडियंस नहीं है, तो गूगल, यूट्यूब सर्च, ट्रेंडिंग टॉपिक्स, फोरम, ब्लॉग्स, और टूल्स की मदद से रिसर्च करें।

2. अगर आपके पास ऑडियंस है, तो कम्युनिटी पोस्ट, पोल, यूट्यूब एनालिटिक्स और दर्शकों के फीडबैक का उपयोग करें।

3. हर एंगल से रिसर्च करें, फैक्ट्स को क्रॉस-चेक करें और अपने कंटेंट को और भी वैल्यूएबल बनाएं।

अगर आप इन सभी तरीकों को अपनाते हैं, तो आपकी वीडियो न केवल इंफॉर्मेटिव होगी, बल्कि ऑडियंस को एंगेज भी करेगी, जिससे आपका चैनल तेजी से ग्रो करेगा और आपकी ब्रांड वैल्यू भी बढ़ेगी।

अध्याय 13 (भाग 2)

बिना रिसर्च किए वीडियो बनाने के नुकसान

अगर आप यूट्यूब के लिए कंटेंट क्रिएट करते हैं लेकिन सही रिसर्च नहीं करते, तो इसका सीधा असर आपकी चैनल की ग्रोथ पर पड़ सकता है। बिना रिसर्च के बनाई गई वीडियो दर्शकों की पसंद और जरूरतों के अनुरूप नहीं होती, जिससे आपकी ऑडियंस और व्यूज पर नकारात्मक प्रभाव पड़ता है। इस अध्याय में हम समझेंगे कि रिसर्च न करने से यूट्यूब ग्रोथ पर क्या असर पड़ सकता है और किन दिक्कतों का सामना करना पड़ सकता है।

1. दर्शकों की जरूरतों को न समझ पाना

अगर आप रिसर्च नहीं करते हैं, तो आपको यह नहीं पता चलेगा कि आपके दर्शक किस तरह का कंटेंट देखना चाहते हैं।

- वीडियो गलत ऑडियंस तक पहुँच सकती है।
- लोग वीडियो को जल्दी छोड़ सकते हैं, जिससे वॉच टाइम कम होगा।
- वीडियो दर्शकों की समस्याओं का हल नहीं देगी, जिससे वे आपके चैनल पर दोबारा नहीं आएंगे।

2. व्यूज और एंगेजमेंट में गिरावट

- यूट्यूब उन्हीं वीडियो को प्रमोट करता है जिन पर ज्यादा व्यूज, लाइक्स, कमेंट्स और शेयर होते हैं।
- बिना रिसर्च किए वीडियो बनाने से सही टॉपिक का चुनाव नहीं हो पाता।
- व्यूज कम होने के कारण चैनल की ग्रोथ धीमी हो सकती है।

- कम एंगेजमेंट की वजह से यूट्यूब आपकी वीडियो को रिकमेंड करना बंद कर सकता है।

3. गलत जानकारी देने की संभावना

- अगर आप वीडियो बनाने से पहले रिसर्च नहीं करते, तो आपके वीडियो में गलत या अधूरी जानकारी हो सकती है।

- इससे दर्शकों का भरोसा टूट सकता है।

- नेगेटिव कमेंट्स और डिसलाइक्स बढ़ सकते हैं।

- अगर बार-बार गलत जानकारी दी गई, तो चैनल की विश्वसनीयता खराब हो सकती है।

4. यूट्यूब एल्गोरिदम का नकारात्मक प्रभाव

यूट्यूब का एल्गोरिदम यह देखता है कि:

- कितने लोग वीडियो देख रहे हैं और कितनी देर तक देख रहे हैं।

- कितने लोग वीडियो को लाइक, कमेंट और शेयर कर रहे हैं।

- वीडियो को कितनी बार सर्च किया जा रहा है।

- अगर आपकी वीडियो पर अच्छा रिस्पॉन्स नहीं आ रहा, तो यूट्यूब आपकी वीडियो को प्रमोट करना बंद कर सकता है और आपकी चैनल की ग्रोथ रुक सकती है।

5. SEO (सर्च इंजन ऑप्टिमाइज़ेशन) पर बुरा असर

यूट्यूब एक सर्च इंजन की तरह भी काम करता है। अगर आप वीडियो अपलोड करने से पहले सही कीवर्ड रिसर्च नहीं करते, तो आपकी वीडियो यूट्यूब सर्च में नहीं दिखेगी।

- दर्शकों को आपकी वीडियो ढूंढने में दिक्कत होगी।

- वीडियो का थंबनेल और टाइटल आकर्षक नहीं होगा, जिससे क्लिक-थ्रू-रेट (CTR) कम हो सकता है।

6. कंटेंट की क्वालिटी कमजोर होना

- रिसर्च के बिना बनाया गया कंटेंट कई बार अधूरा और कमजोर हो सकता है।

- वीडियो की जानकारी अधूरी होगी, जिससे दर्शक संतुष्ट नहीं होंगे।

- वीडियो देखने में बोरिंग लगेगी और लोग इसे पूरा देखने में रुचि नहीं लेंगे।

- आपके चैनल की छवि खराब हो सकती है।

7. प्रतिस्पर्धियों से पिछड़ जाना

- यूट्यूब पर प्रतिस्पर्धा बहुत अधिक है। अगर आप रिसर्च नहीं करते हैं, तो आपके प्रतिस्पर्धी बेहतर वीडियो बनाएंगे और आपकी ऑडियंस को अपनी ओर आकर्षित कर लेंगे।

- लोग आपके चैनल की बजाय दूसरे चैनलों को ज्यादा देखना पसंद करेंगे।

- आपकी ग्रोथ बहुत धीमी हो जाएगी और आप ट्रेंड्स को पकड़ नहीं पाएंगे।

8. गलत ऑडियंस को टार्गेट करने की समस्या

- रिसर्च के बिना बनाई गई वीडियो गलत दर्शकों तक पहुँच सकती है।

- इससे आपके सब्सक्राइबर्स नहीं बढ़ेंगे।

- व्यूज और वॉच टाइम कम रहेगा।

- यूट्यूब आपके वीडियो को उन लोगों तक नहीं पहुँचाएगा जो वास्तव में आपके कंटेंट में रुचि रखते हैं।

9. वीडियो एडिटिंग और प्रेजेंटेशन प्रभावित होगा

- अगर आप रिसर्च नहीं करते, तो आपकी वीडियो एडिटिंग और प्रेजेंटेशन भी कमजोर हो सकती है।

- स्क्रिप्ट सही न होने से वीडियो बोरिंग और असंगठित लगेगी।

- रिसर्च से सही तथ्य और ग्राफिक्स जोड़ने में मदद मिलती है, जिससे वीडियो प्रोफेशनल लगती है।

- वीडियो के विजुअल और ऑडियो एलिमेंट्स में गुणवत्ता की कमी हो सकती है।

निष्कर्ष: रिसर्च करना क्यों जरूरी है?

अगर आप बिना रिसर्च किए वीडियो बनाते हैं, तो आपके चैनल को बहुत सारी समस्याओं का सामना करना पड़ सकता है:

1. ऑडियंस आपकी वीडियो को पसंद नहीं करेगी।

2. यूट्यूब आपकी वीडियो को प्रमोट नहीं करेगा।

3. गलत जानकारी देने से दर्शकों का भरोसा टूट सकता है।

4. प्रतिस्पर्धी आगे निकल जाएंगे और आपकी ग्रोथ धीमी हो जाएगी।

5. आपका चैनल लंबे समय तक टिक नहीं पाएगा।

इसलिए, अगर आप एक सक्सेसफुल यूट्यूबर बनना चाहते हैं, तो हर वीडियो के लिए रिसर्च करना बहुत जरूरी है। रिसर्च से ही आप हाई-क्वालिटी, एंगेजिंग और वैल्यूएबल कंटेंट बना सकते हैं, जिससे आपका चैनल तेजी से ग्रो करेगा और लंबे समय तक दर्शकों को जोड़े रखेगा।

अध्याय 13 (भाग 3)

वीडियो को इंटरेस्टिंग कैसे बनाएं ताकि दर्शक अंत तक देखें?

अब तक आपने यह समझ लिया है कि वीडियो के लिए सही रिसर्च करना कितना जरूरी है। लेकिन रिसर्च करने के बाद भी यह जरूरी हो जाता है कि आप वीडियो को इस तरह से बनाएं कि जो भी उसे देखे, वह अंत तक रुचि बनाए रखे। अगर दर्शक आपकी वीडियो को बीच में ही छोड़ देते हैं, तो इससे यूट्यूब एल्गोरिदम पर भी असर पड़ता है और आपकी ग्रोथ रुक सकती है। इस अध्याय में हम जानेंगे कि वीडियो को इंटरेस्टिंग और एंगेजिंग कैसे बनाया जाए ताकि दर्शक उसे अंत तक देखें।

1. वीडियो की शुरुआत में प्रभावी Hook कैसे लगाएं?

वीडियो की शुरुआत सबसे महत्वपूर्ण होती है, क्योंकि पहले कुछ सेकंड्स में ही तय हो जाता है कि दर्शक इसे आगे देखेंगे या छोड़ देंगे। Hook का मतलब है - ऐसा कुछ कहना या दिखाना जिससे दर्शक वीडियो में रुचि बनाए रखें।

कैसे अच्छा Hook डालें?

- **सीधे मुद्दे पर आएं:** शुरुआत में ही बताएं कि वीडियो में क्या मिलेगा, ताकि दर्शक उत्साहित रहें।

- **सवाल पूछें:** *क्या आप जानते हैं कि सिर्फ 5 सेकंड में कोई वीडियो छोड़ देता है? जैसे सवाल दर्शकों को सोचने पर मजबूर करते हैं।*

- **रोचक स्टेटमेंट दें:** कोई दिलचस्प तथ्य बताएं जो वीडियो से जुड़ा हो। जैसे - *90% लोग यही गलती करते हैं, और आज मैं आपको बताने वाला हूँ कि कैसे इसे ठीक करें।*

- **थ्रिलर मोमेंट बनाएं:** *वीडियो के अंत तक बने रहें, क्योंकि मैं आपको एक ऐसी ट्रिक बताने वाला हूँ जो आपके यूट्यूब ग्रोथ को तेज कर देगी।*

2. स्टोरीटेलिंग को जोड़ें

लोग कहानियों से जुड़ते हैं। अगर आपकी वीडियो में एक स्टोरी होगी, तो दर्शक उससे कनेक्ट करेंगे और पूरी वीडियो देखेंगे।

कैसे स्टोरी जोड़ें?

- अपनी खुद की रियल लाइफ एक्सपीरियंस बताएं।

- किसी प्रेरणादायक घटना को जोड़ें।

- वीडियो को एक शुरुआत, मध्य और अंत में बांटें ताकि दर्शकों की रुचि बनी रहे।

- स्टोरी के बीच में सस्पेंस बनाएं जिससे लोग वीडियो को छोड़ें नहीं।

3. वीडियो में पैटर्न ब्रेक का उपयोग करें

अगर वीडियो एक ही टोन में चलता रहेगा तो दर्शक बोर हो सकते हैं। इसलिए वीडियो में पैटर्न ब्रेक बहुत जरूरी होते हैं।

पैटर्न ब्रेक कैसे लगाएं?

- कैमरा एंगल बदलें - एक ही फ्रेम में बात करने की बजाय, बीच-बीच में एंगल स्विच करें।

- ग्राफिक्स और टेक्स्ट जोड़ें - बीच-बीच में जरूरी शब्दों को हाईलाइट करें।

- **B-Rolls और कटअवे शॉट्स का उपयोग करें** - अगर आप किसी चीज के बारे में बात कर रहे हैं, तो उससे जुड़ा कोई विजुअल दिखाएं।

- साउंड इफेक्ट्स और बैकग्राउंड म्यूजिक - हल्के साउंड इफेक्ट्स दर्शकों की रुचि बनाए रखते हैं।

4. वीडियो की गति (Pacing) सही रखें

अगर आपकी वीडियो बहुत धीमी है, तो दर्शक बोर होकर छोड़ सकते हैं। वहीं, अगर बहुत तेज है तो वे समझ नहीं पाएंगे।

कैसे सही गति रखें?

- इंपोर्टेंट बातें पहले कहें।
- फालतू की बातों से बचें।
- बीच-बीच में एनर्जी बनाए रखें।
- बात को घुमा-फिराकर न कहें, सीधे पॉइंट पर आएं।

5. Call-to-Action (CTA) सही समय पर दें

CTA का मतलब होता है दर्शकों को कोई एक्शन लेने के लिए प्रेरित करना। अगर आप सही समय पर CTA देंगे, तो लोग वीडियो में ज्यादा रुचि लेंगे।

कैसे सही CTA दें?

- **वीडियो के बीच में:** *अगर आपको यह जानकारी पसंद आ रही है, तो अभी लाइक करें और कमेंट में बताएं कि आपको कैसा लग रहा है।*
- **वीडियो के अंत में:** *अगर आप ऐसे और टिप्स चाहते हैं, तो चैनल को सब्सक्राइब करें और बेल आइकन दबाएं।*
- **इंट्रेक्टिव CTA:** *आपको क्या लगता है, वीडियो में बताई गई ट्रिक आपके लिए कितनी कारगर होगी? नीचे कमेंट करें।*

6. Thumbnail और Title आकर्षक बनाएं

अगर आपके वीडियो का थंबनेल और टाइटल अच्छा नहीं है, तो लोग उस पर क्लिक ही नहीं करेंगे।

कैसे अच्छा थंबनेल और टाइटल बनाएं?

- थंबनेल में चेहरे के एक्सप्रेशंस जोड़ें।
- थंबनेल पर 3 से 5 शब्दों में मुख्य बात लिखें।
- टाइटल में Power Words जोड़ें। जैसे - *YouTube ग्रोथ के 5 जरूरी टिप्स!*
- थंबनेल और टाइटल में Clickbait न करें, सच्ची जानकारी दें।

7. वीडियो के अंत को दमदार बनाएं

अगर आपका वीडियो सही तरीके से खत्म नहीं होता, तो दर्शक अगली बार आपकी वीडियो को देखने में रुचि नहीं लेंगे।

कैसे अच्छा अंत करें?

- वीडियो का सार संक्षेप में बताएं।
- अगली वीडियो देखने के लिए प्रेरित करें।
- कोई सवाल छोड़ें, जिससे लोग कमेंट करें।
- वीडियो को पॉजिटिव नोट पर खत्म करें।

निष्कर्ष: वीडियो को ज्यादा एंगेजिंग कैसे बनाएं?

1. शुरुआत में एक दमदार Hook डालें।
2. स्टोरीटेलिंग का उपयोग करें ताकि दर्शक कनेक्ट कर सकें।
3. वीडियो में पैटर्न ब्रेक डालें ताकि बोरियत न हो।
4. वीडियो की गति को सही रखें।

5. सही समय पर Call-to-Action दें।

6. आकर्षक Thumbnail और Title बनाएं।

7. वीडियो का अंत ऐसा रखें कि दर्शक अगली बार भी आएं।

अगर आप इन सभी बातों को ध्यान में रखकर वीडियो बनाएंगे, तो न सिर्फ आपके व्यूज़ बढ़ेंगे बल्कि आपकी ऑडियंस आपके चैनल से लंबे समय तक जुड़ी रहेगी।

अध्याय 13 (भाग 4)

स्क्रिप्ट क्यों जरूरी है और यह यूट्यूब ग्रोथ पर कैसे प्रभाव डालती है?

अब तक हमने यह जाना कि सही रिसर्च करना क्यों जरूरी है, बिना रिसर्च किए वीडियो बनाने के क्या नुकसान हो सकते हैं, वीडियो को इंगेजिंग बनाने के लिए क्या करना चाहिए और उसमें सही तरीके से Hooks कैसे जोड़ने चाहिए। इन सभी पहलुओं को समझने के बाद अब हम इस अध्याय में स्क्रिप्टिंग की भूमिका पर ध्यान देंगे।

इस अध्याय में हम समझेंगे:

- स्क्रिप्ट क्यों जरूरी है?
- कितने प्रकार की स्क्रिप्ट होती हैं?
- स्क्रिप्ट का महत्व क्या है?
- स्क्रिप्ट न लिखने से क्या समस्याएँ आ सकती हैं?
- यूट्यूब ग्रोथ पर स्क्रिप्ट का क्या प्रभाव पड़ता है?
- अच्छी स्क्रिप्ट कैसे लिखें?
- स्क्रिप्टिंग के सही तरीके क्या हैं?

1. स्क्रिप्ट क्यों जरूरी है?

बहुत से यूट्यूब क्रिएटर्स बिना स्क्रिप्ट के वीडियो बनाने की गलती करते हैं, जिससे उनके वीडियो बिना किसी सही संरचना के, कम एंगेजिंग और जरूरत

से ज्यादा लंबे हो जाते हैं। एक अच्छी स्क्रिप्ट वीडियो को प्रभावी, आकर्षक और प्रोफेशनल बनाती है।

स्क्रिप्ट लिखने के फायदे:

- वीडियो का फ्लो सही रहता है।
- टॉपिक से भटकने की संभावना कम हो जाती है।
- वीडियो की लंबाई संतुलित रहती है।
- दर्शकों की इंगेजमेंट बढ़ती है।
- एडिटिंग आसान हो जाती है।

2. स्क्रिप्ट के प्रकार (Types of Scripts)

हर यूट्यूबर को अपने वीडियो के अनुसार सही स्क्रिप्ट फॉर्मेट चुनना चाहिए। मुख्य रूप से तीन प्रकार की स्क्रिप्ट होती हैं:

(A) शब्द-दर-शब्द स्क्रिप्ट (Word-to-Word Script)

इसमें हर लाइन पहले से लिखी जाती है, ताकि वीडियो के दौरान कुछ भी मिस न हो।

कब उपयोग करें?

- जब वीडियो बहुत प्रोफेशनल हो।
- जब आपको हर शब्द सही तरीके से बोलना हो।
- जब वीडियो में टेक्निकल या रिसर्च-बेस्ड जानकारी हो।

(B) बुलेट पॉइंट स्क्रिप्ट (Bullet Point Script)

इसमें पूरी स्क्रिप्ट न लिखकर सिर्फ मुख्य बिंदु लिखे जाते हैं, ताकि वीडियो के दौरान ज्यादा नैचुरल तरीके से बात की जा सके।

कब उपयोग करें?

- जब वीडियो ज्यादा बातचीत और कैजुअल हो।
- जब आप नैचुरल फील देना चाहते हैं।
- व्लॉग्स या अनबॉक्सिंग वीडियो में।

(C) हाइब्रिड स्क्रिप्ट (Hybrid Script)

इसमें कुछ पार्ट्स शब्द-दर-शब्द लिखे जाते हैं और कुछ हिस्से बुलेट पॉइंट्स में रहते हैं।

कब उपयोग करें?

- जब वीडियो में संरचना और नैचुरलनेस दोनों की जरूरत हो।
- जब आप लंबी स्टोरीटेलिंग कर रहे हों।
- जब वीडियो में एडवांस कंटेंट हो।

3. बिना स्क्रिप्ट के वीडियो बनाने के नुकसान

अगर आप बिना स्क्रिप्ट के वीडियो बनाते हैं, तो कई दिक्कतें आ सकती हैं।

(A) वीडियो का फ्लो खराब हो सकता है

- बिना स्क्रिप्ट के वीडियो में भटकने की संभावना ज्यादा होती है।
- बात को समझाने में बहुत ज्यादा समय लग सकता है।

(B) वीडियो ज्यादा लंबा और उबाऊ हो सकता है

- बिना स्क्रिप्ट के बोलते समय बार-बार रुकना पड़ सकता है।
- ज़रूरी जानकारी को छोड़ सकते हैं या रिपीट कर सकते हैं।

(C) एडिटिंग में ज्यादा समय लग सकता है

- बिना स्क्रिप्ट के रिकॉर्ड किए गए वीडियो में फालतू हिस्से ज्यादा होते हैं, जिससे एडिटिंग में ज्यादा समय लगता है।

(D) एंगेजमेंट कम हो सकता है

* बिना स्क्रिप्ट के वीडियो का इंट्रो कमजोर हो सकता है, जिससे ऑडियंस वीडियो को जल्दी छोड़ सकती है।

4. स्क्रिप्ट लिखने से यूट्यूब ग्रोथ पर क्या असर पड़ता है?

अगर आप एक अच्छी स्क्रिप्ट के साथ वीडियो बनाते हैं, तो इसका सीधा असर आपकी चैनल ग्रोथ पर पड़ता है:

* **Watch Time** बढ़ता है, क्योंकि वीडियो अधिक प्रभावी और एंगेजिंग होती है।

* **Viewers Retention (Retention Rate)** बढ़ती है, जिससे यूट्यूब आपकी वीडियो को ज्यादा प्रमोट करता है।

* **CTR (Click-Through Rate)** बढ़ती है, क्योंकि वीडियो ज्यादा एट्रैक्टिव लगती है।

* **Subscribers** जल्दी बढ़ते हैं, क्योंकि लोग आपकी वीडियो से संतुष्ट होते हैं।

5. स्क्रिप्ट लिखने का सही तरीका

अगर आप एक इफेक्टिव स्क्रिप्ट लिखना चाहते हैं, तो इन स्टेप्स को फॉलो करें:

(A) वीडियो का उद्देश्य (Objective) तय करें

* वीडियो इंफॉर्मेटिव, एंटरटेनिंग या एजुकेशनल है, यह पहले तय करें।

(B) Hook और इंट्रो पहले लिखें

* शुरुआत में दर्शकों को यह बताएं कि उन्हें वीडियो में क्या मिलने वाला है।

(C) वीडियो को तीन भागों में बांटें

1. इंट्रो - वीडियो का उद्देश्य बताएं।

2. मेन कंटेंट - मुख्य जानकारी दें।

3. क्लोजिंग - **CTA (Call-to-Action)** जोड़ें, जैसे सब्सक्राइब करने की अपील।

(D) आसान और कंफर्टेबल भाषा में लिखें

- स्क्रिप्ट को बातचीत के अंदाज में लिखें, ताकि वीडियो नैचुरल लगे।

(E) एडिटिंग को ध्यान में रखते हुए लिखें

- स्क्रिप्ट लिखते समय सोचें कि वीडियो एडिटिंग के दौरान कहां ग्राफिक्स, B-Rolls या टेक्स्ट जोड़े जाएंगे।

निष्कर्ष: स्क्रिप्ट लिखना क्यों जरूरी है?

1. स्क्रिप्ट से वीडियो का फ्लो अच्छा रहता है।

2. वीडियो ज्यादा प्रोफेशनल और एंगेजिंग लगती है।

3. एडिटिंग आसान हो जाती है।

4. **Viewers Retention और Watch Time बढ़ता है।**

5. यूट्यूब आपकी वीडियो को ज्यादा प्रमोट करता है।

अगर आप यूट्यूब पर तेजी से ग्रो करना चाहते हैं, तो स्क्रिप्ट लिखना आपकी वीडियो क्वालिटी को बहुत ज्यादा सुधार सकता है। वीडियो बनाने से पहले सही स्क्रिप्ट तैयार करें और फिर वीडियो शूट करें। इससे आपकी ऑडियंस ज्यादा इंगेज होगी और आपका चैनल तेजी से आगे बढ़ेगा।

अध्याय 13 (भाग 5)

यूट्यूब की प्राइवेसी पॉलिसी, टर्म्स और कॉपीराइट नियमों को समझना

अब तक हमने यह जाना कि स्क्रिप्ट कैसे लिखी जाती है, किन तरीकों से लिखी जाती है और इसके कितने प्रकार होते हैं। अब आप वीडियो बनाना शुरू कर सकते हैं, लेकिन उससे पहले कुछ और महत्वपूर्ण बातें जानना बेहद जरूरी है।

यूट्यूब पर सफल होने और अपने चैनल को सुरक्षित रखने के लिए आपको यूट्यूब की प्राइवेसी पॉलिसी, टर्म्स और कंडीशंस, कॉपीराइट क्लेम और कॉपीराइट स्ट्राइक के बारे में पूरी जानकारी होनी चाहिए। इसके साथ ही, गूगल की प्राइवेसी पॉलिसी और टर्म्स और कंडीशंस को भी समझना आवश्यक है, ताकि आप आगे किसी भी तरह की परेशानी से बच सकें।

1. यूट्यूब की प्राइवेसी पॉलिसी क्या होती है और यह क्यों जरूरी है?

यूट्यूब की प्राइवेसी पॉलिसी उन नियमों और शर्तों का एक सेट होता है जो यह सुनिश्चित करता है कि उपयोगकर्ताओं का डेटा सुरक्षित रहे।

- इसमें बताया जाता है कि यूट्यूब आपके डेटा को कैसे स्टोर और उपयोग करता है।

- अगर आप यूट्यूब पर अकाउंट बनाते हैं, तो आपकी जानकारी कैसे सुरक्षित रखी जाएगी।

- यह पॉलिसी यह भी तय करती है कि आपका डेटा किन थर्ड-पार्टी ऐप्स के साथ शेयर किया जा सकता है।

- अगर कोई व्यक्ति आपकी प्राइवेसी का उल्लंघन करता है, तो आप यूट्यूब को रिपोर्ट कर सकते हैं।

2. यूट्यूब के टर्म्स और कंडीशंस क्या हैं और इसका आपके चैनल पर क्या असर पड़ता है?

यूट्यूब के टर्म्स और कंडीशंस में यह तय किया जाता है कि प्लेटफॉर्म पर किस प्रकार का कंटेंट अपलोड किया जा सकता है और किन चीजों की अनुमति नहीं है।

- आप किसी भी अवैध, आपत्तिजनक, हिंसक या गलत जानकारी देने वाले कंटेंट को अपलोड नहीं कर सकते।
- यूट्यूब का एल्गोरिदम और मॉडरेशन टीम किसी भी कंटेंट को रिव्यू कर सकती है और यदि वह नियमों का उल्लंघन करता है, तो उसे हटा सकती है।
- बार-बार नियमों का उल्लंघन करने पर आपका चैनल बंद किया जा सकता है।
- यूट्यूब के नियमों को न मानने पर आपको चेतावनी (Warning) या प्रतिबंध (Ban) भी मिल सकता है।

3. कॉपीराइट क्लेम और कॉपीराइट स्ट्राइक क्या होते हैं और इनसे कैसे बचा जाए?

यूट्यूब पर अगर आप किसी अन्य व्यक्ति का कंटेंट (जैसे कि वीडियो, म्यूजिक, इमेज या ऑडियो) बिना अनुमति के उपयोग करते हैं, तो उस पर कॉपीराइट क्लेम या स्ट्राइक आ सकती है।

कॉपीराइट क्लेम

- जब कोई व्यक्ति (जिसके पास कंटेंट का अधिकार है) यूट्यूब को रिपोर्ट करता है कि उसकी सामग्री आपकी वीडियो में उपयोग की गई है।

- इससे आपकी वीडियो को डिमॉनेटाइज किया जा सकता है या उससे होने वाली कमाई को मूल कॉपीराइट होल्डर को भेज दिया जाता है।

- यह सीधे आपके चैनल को नुकसान नहीं पहुंचाता, लेकिन आपकी वीडियो प्रभावित हो सकती है।

कॉपीराइट स्ट्राइक

- यदि आप किसी वीडियो में बिना अनुमति के कॉपीराइट सामग्री का उपयोग करते हैं और कॉपीराइट होल्डर इसे हटाने के लिए यूट्यूब से संपर्क करता है, तो आपको कॉपीराइट स्ट्राइक मिल सकती है।

- तीन कॉपीराइट स्ट्राइक मिलने पर **यूट्यूब** आपका चैनल स्थायी रूप से बंद कर सकता है।

- कॉपीराइट स्ट्राइक से बचने के लिए आप फेयर यूज़ नीति का पालन करें और हमेशा रॉयल्टी-फ्री म्यूजिक और इमेज का उपयोग करें।

4. फेयर यूज़ (Fair Use) पॉलिसी **क्या है और यह यूट्यूब पर कैसे लागू होती है?**

फेयर यूज़ पॉलिसी एक कानूनी ढांचा है, जिसके तहत कुछ मामलों में कॉपीराइट सामग्री को अनुमति के बिना भी उपयोग किया जा सकता है।

- **शैक्षिक उद्देश्य (Educational Purpose)** के लिए किसी वीडियो क्लिप का उपयोग किया जा सकता है।

- **समीक्षा (Review) और समालोचना (Criticism)** के लिए किसी अन्य के कंटेंट का छोटा हिस्सा दिखाया जा सकता है।

- **पैरोडी (Parody) और व्यंग्य (Satire)** को भी फेयर यूज़ के तहत रखा जाता है।

- यदि आपका उपयोग **फेयर यूज़** के अंतर्गत आता है, तो भी आपको यह सुनिश्चित करना होगा कि आप सामग्री को सही संदर्भ में प्रस्तुत करें।

5. गूगल की प्राइवेसी पॉलिसी और टर्म्स और कंडीशंस को समझना क्यों जरूरी है?

यूट्यूब गूगल का एक उत्पाद है, इसलिए यूट्यूब की पॉलिसी गूगल की प्राइवेसी पॉलिसी और टर्म्स और कंडीशंस से भी जुड़ी होती है।

- गूगल आपके डेटा को सुरक्षित रखने के लिए कई नियम लागू करता है।
- आपकी **सर्च हिस्ट्री, देखे गए वीडियो, और अन्य ऑनलाइन गतिविधियों** को गूगल ट्रैक करता है, जिससे आपकी सिफारिशें (Recommendations) बेहतर होती हैं।
- आपको हमेशा **गूगल की प्राइवेसी सेटिंग्स** को चेक करना चाहिए, ताकि आपका डेटा सुरक्षित रहे।

6. अपने कंटेंट और चैनल को सुरक्षित रखने के लिए आपको क्या करना चाहिए?

- हमेशा अपने वीडियो के लिए **मौलिक (Original) कंटेंट** बनाएं।
- यदि आपको किसी अन्य व्यक्ति की सामग्री का उपयोग करना है, तो पहले **अनुमति लें** या **रॉयल्टी-फ्री संसाधनों** का उपयोग करें।
- अपने वीडियो के **मेटाडेटा (Title, Description, Tags)** में किसी भी गलत जानकारी का उपयोग न करें।
- अपने चैनल को सुरक्षित रखने के लिए **Two-Factor Authentication** चालू करें।
- यूट्यूब की **नियमों और शर्तों (Terms & Conditions)** को नियमित रूप से पढ़ें, ताकि आप नए अपडेट्स से अवगत रहें।

निष्कर्ष

यूट्यूब पर सफलता प्राप्त करने के लिए केवल **अच्छे वीडियो बनाना ही पर्याप्त नहीं है।** आपको **यूट्यूब की प्राइवेसी पॉलिसी, टम्र्स और कंडीशंस, कॉपीराइट नियमों और गूगल की नीतियों** के बारे में पूरी जानकारी होनी चाहिए। इससे आप न केवल **अपने कंटेंट को सुरक्षित रख सकते हैं,** बल्कि **अपने यूट्यूब चैनल को भी लंबे समय तक बिना किसी समस्या के चला सकते हैं।**

अब जब आप यूट्यूब की सभी महत्वपूर्ण नीतियों को समझ गए हैं, तो आप अपने चैनल को **सुरक्षित और सफल** बनाने के लिए आगे बढ़ सकते हैं।

अध्याय 13 (भाग 6)

फेयर यूज़ पॉलिसी: कॉपीराइट से बचने का सही तरीका

यूट्यूब पर कंटेंट क्रिएटर्स के लिए **कॉपीराइट** एक बड़ा विषय होता है। अगर आप किसी का भी कंटेंट बिना अनुमति के उपयोग करते हैं, तो आपको **कॉपीराइट क्लेम** या **स्ट्राइक** मिल सकती है। लेकिन कुछ विशेष परिस्थितियों में आप बिना अनुमति के भी **फेयर यूज़ (Fair Use)** के अंतर्गत किसी अन्य व्यक्ति का कंटेंट उपयोग कर सकते हैं। इस अध्याय में हम विस्तार से समझेंगे कि **फेयर यूज़ पॉलिसी** क्या होती है, कैसे काम करती है, और इसे सही तरीके से कैसे उपयोग करें ताकि आपका कंटेंट **कॉपीराइट नियमों** का उल्लंघन न करे।

1. फेयर यूज़ पॉलिसी क्या है?

फेयर यूज़ एक कानूनी सिद्धांत (**Legal Doctrine**) है, जो यह निर्धारित करता है कि **किसी के कॉपीराइट कंटेंट को बिना अनुमति के भी कुछ शर्तों के तहत इस्तेमाल किया जा सकता है।** इसका मुख्य उद्देश्य **शिक्षा, सूचना, आलोचना, समीक्षा और समाचार रिपोर्टिंग** जैसे कार्यों को बढ़ावा देना है।

फेयर यूज़ के तहत यदि आप किसी **कॉपीराइटेड कंटेंट** का उपयोग करते हैं, तो यह आवश्यक नहीं कि आपको **कॉपीराइट स्ट्राइक** मिलेगी। लेकिन यह **यूट्यूब एल्गोरिदम** और **कॉपीराइट होल्डर** पर निर्भर करता है कि वे इसे स्वीकार करते हैं या नहीं।

2. फेयर यूज़ कैसे काम करता है?

यूट्यूब और अन्य प्लेटफॉर्म यह निर्धारित करने के लिए **चार प्रमुख फैक्टर (Fair Use Factors)** देखते हैं कि किसी वीडियो को **फेयर यूज़** माना जाएगा या नहीं। ये फैक्टर हैं:

(A) उपयोग का उद्देश्य और स्वरूप (Purpose and Character of Use)

- यदि आपका कंटेंट **शैक्षिक, शोध, समीक्षा, समाचार रिपोर्टिंग या व्यंग्य (Parody)** के लिए है, तो यह **फेयर यूज़** में आ सकता है।

- अगर आप किसी ओरिजिनल कंटेंट को **ट्रांसफॉर्म (Transform)** कर रहे हैं, यानी उसमें **नई जानकारी, विश्लेषण या क्रिएटिविटी** जोड़ रहे हैं, तो इसे **फेयर यूज़** माना जा सकता है।

- अगर आप कंटेंट को केवल **री-अपलोड** कर रहे हैं या **कमर्शियल लाभ** के लिए उपयोग कर रहे हैं, तो यह **फेयर यूज़** नहीं माना जाएगा।

(B) कॉपीराइटेड कंटेंट का स्वरूप (Nature of the Copyrighted Work)

- यदि कंटेंट **फैक्चुअल (Factual)** या **शैक्षिक (Educational)** है, तो इसके **फेयर यूज़** होने की संभावना अधिक होती है।

- यदि कंटेंट पूरी तरह **क्रिएटिव (जैसे फिल्म, गाना या आर्टवर्क)** है, तो इसे **फेयर यूज़** में रखना मुश्किल हो सकता है।

(C) उपयोग की गई सामग्री की मात्रा और अनुपात (Amount and Substantiality of the Portion Used)

- यदि आप किसी वीडियो या ऑडियो का **छोटा हिस्सा (Minimal Clip)** उपयोग कर रहे हैं, तो यह **फेयर यूज़** के अंतर्गत आ सकता है।

- यदि आपने पूरे वीडियो का एक बड़ा हिस्सा या उसकी **"मुख्य थीम"** इस्तेमाल की है, तो यह **फेयर यूज़** नहीं माना जाएगा।

(D) कंटेंट के व्यावसायिक प्रभाव (Effect on the Market Value of the Original Work)

- यदि आपका कंटेंट **ओरिजिनल कंटेंट की व्यावसायिक वैल्यू** को नुकसान पहुंचा रहा है, तो यह **फेयर यूज़** के अंतर्गत नहीं आएगा।
- यदि आपका उपयोग **मूल क्रिएटर** के कंटेंट की **मार्केटिंग में मदद** करता है (जैसे समीक्षा या प्रमोशन), तो यह **फेयर यूज़** हो सकता है।

3. फेयर यूज़ के अंतर्गत किस प्रकार का कंटेंट आता है?

नीचे दिए गए कंटेंट के प्रकार अक्सर **फेयर यूज़** में आते हैं, लेकिन यह **100% गारंटी** नहीं है कि इन्हें हमेशा **फेयर यूज़** माना जाएगा।

फेयर यूज़ में आने वाले कंटेंट के उदाहरण:

- शिक्षा और रिसर्च (Educational & Research Content)
- समाचार रिपोर्टिंग (News Reporting)
- समीक्षा और आलोचना (Reviews & Criticism)
- पैरोडी और व्यंग्य (Parody & Satire)
- डॉक्यूमेंट्री (Documentary) में छोटे हिस्सों का उपयोग

फेयर यूज़ में नहीं आने वाले कंटेंट के उदाहरण:

- किसी गाने या वीडियो को पूरा अपलोड करना
- किसी फिल्म या वेब सीरीज़ के बड़े हिस्से को दिखाना
- फुटबॉल, क्रिकेट या अन्य स्पोर्ट्स इवेंट के हाइलाइट्स को बिना अनुमति के शेयर करना
- टीवी शो या मूवी क्लिप का उपयोग बिना किसी नई जानकारी के

4. फेयर यूज़ का सही तरीके से उपयोग कैसे करें?

अगर आप चाहते हैं कि आपका कंटेंट **फेयर यूज़** के अंतर्गत आए, तो इन महत्वपूर्ण बातों को ध्यान में रखें:

✔ **अपने कंटेंट में वैल्यू जोड़ें:** सिर्फ किसी ओरिजिनल कंटेंट को **री-अपलोड** न करें, बल्कि उसमें **अपनी राय, समीक्षा, विश्लेषण या नई जानकारी** जोड़ें। ✔ **छोटे क्लिप्स का उपयोग करें:** पूरा वीडियो न लें, बल्कि **छोटे और आवश्यक हिस्सों** का ही उपयोग करें। ✔ **ट्रांसफॉर्मेटिव कंटेंट बनाएं:** मतलब **कंटेंट को नया रूप दें,** संपादित करें, या उस पर जानकारी जोड़ें। ✔ **स्रोत का सही क्रेडिट दें:** अगर संभव हो तो कंटेंट के **मूल मालिक का नाम और स्रोत** बताएं। ✔ **फेयर यूज़ डिस्क्लेमर जोड़ें:** वीडियो के **डिस्क्रिप्शन** में लिखें कि यह कंटेंट **फेयर यूज़** के अंतर्गत आता है।

5. क्या फेयर यूज़ डिस्क्लेमर लगाने से कॉपीराइट स्ट्राइक नहीं आएगी?

नहीं! फेयर यूज़ डिस्क्लेमर लगाने से आपको **कॉपीराइट स्ट्राइक** से बचने की **कोई गारंटी नहीं मिलती।** यह केवल एक **कानूनी स्पष्टीकरण** है, लेकिन अंतिम निर्णय **कॉपीराइट होल्डर और यूट्यूब की नीति** पर निर्भर करता है।

अगर आपके वीडियो पर **कॉपीराइट क्लेम** या **स्ट्राइक** आती है और आपको लगता है कि यह **फेयर यूज़** में आता है, तो आप **यूट्यूब के माध्यम से अपील (Appeal)** कर सकते हैं।

निष्कर्ष

फेयर यूज़ पॉलिसी कॉपीराइट नियमों का उल्लंघन किए बिना कंटेंट उपयोग करने की एक **वैध विधि** है। लेकिन इसे **सही तरीके से समझना और लागू करना जरूरी** है। यदि आप **फेयर यूज़** के अंतर्गत कंटेंट का उपयोग कर रहे हैं, तो हमेशा **ट्रांसफॉर्मेटिव कंटेंट बनाएं, छोटे हिस्से का उपयोग करें और मूल क्रिएटर को उचित क्रेडिट दें।** इससे **आपका चैनल सुरक्षित रहेगा और कॉपीराइट समस्याओं से बचा जा सकेगा।**

अध्याय 13 (भाग 7)

वीडियो शूटिंग के सही तरीके और एंगल्स

अभी हमने यह समझा है कि फेयर यूज़ पॉलिसी क्या है और कंटेंट बनाते समय इसका सही तरीके से कैसे इस्तेमाल कर सकते हैं। अब बात करते हैं **वीडियो शूटिंग** की। एक अच्छी वीडियो बनाने के लिए **सही कैमरा एंगल, सही शॉट्स और सही इक्विपमेंट** का चुनाव बहुत जरूरी होता है। इस अध्याय में हम जानेंगे:

- वीडियो शूटिंग के अलग-अलग तरीके
- कैमरा एंगल्स और उनका सही इस्तेमाल
- शूटिंग के तरीके और उनके फायदे-नुकसान
- मोबाइल और कैमरा से वीडियो शूटिंग के ज़रूरी टिप्स

1. वीडियो शूटिंग के तरीके

हर वीडियो की अपनी एक अलग कैटेगरी होती है। इसलिए शूटिंग के भी अलग-अलग तरीके होते हैं। आइए जानते हैं कि किस तरह से वीडियो शूट किए जा सकते हैं:

(A) स्टूडियो शूट (Studio Shoot)

- **कैसे करें:** कैमरा ट्राइपॉड पर सेट करें, अच्छी लाइटिंग और बैकग्राउंड सेटअप करें और वीडियो रिकॉर्ड करें।
- **कहाँ इस्तेमाल करें:** ट्यूटोरियल, इंटरव्यू, रिएक्शन वीडियो।

- **फायदे:** प्रोफेशनल सेटअप, बैकग्राउंड कंट्रोल।
- **नुकसान:** सेटअप महंगा हो सकता है, मूवमेंट कम होती है।

(B) व्लॉग शूट (Vlogging Shoot)

- **कैसे करें:** मोबाइल या कैमरा को हाथ में पकड़कर या स्टेबलाइज़र का इस्तेमाल करके शूट करें।
- **कहाँ इस्तेमाल करें:** ट्रैवल व्लॉग, डेली लाइफ वीडियो।
- **फायदे:** नेचुरल लुक, दर्शकों को जुड़ाव महसूस होता है।
- **नुकसान:** कैमरा शेकिंग की समस्या, स्टेबलाइज़ेशन ज़रूरी।

(C) आउटडोर शूट (Outdoor Shoot)

- **कैसे करें:** नेचुरल लाइट और अच्छे बैकग्राउंड का इस्तेमाल करें।
- **कहाँ इस्तेमाल करें:** ट्रैवल, नेचर, स्ट्रीट वीडियो।
- **फायदे:** शानदार बैकग्राउंड, डायनामिक लुक।
- **नुकसान:** लाइटिंग कंट्रोल की समस्या, आसपास का शोर।

(D) स्क्रीन रिकॉर्डिंग (Screen Recording)

- **कैसे करें:** कंप्यूटर या मोबाइल स्क्रीन रिकॉर्ड करके ट्यूटोरियल या गेमिंग वीडियो बनाएं।
- **कहाँ इस्तेमाल करें:** टेक ट्यूटोरियल, गेमिंग वीडियो।
- **फायदे:** आसान सेटअप, एडिटिंग में लचीलापन।
- **नुकसान:** व्यूअर इंगेजमेंट बनाए रखना थोड़ा मुश्किल।

2. कैमरा एंगल्स और उनके सही इस्तेमाल

वीडियो का सही एंगल उसकी **इम्पैक्ट और क्वालिटी** को बढ़ाता है। नीचे कुछ ज़रूरी कैमरा एंगल दिए गए हैं:

(A) आई-लेवल शॉट (Eye-Level Shot)

- **कैसे करें:** कैमरा को सब्जेक्ट (जिसका वीडियो बना रहे हैं) की आँखों के लेवल पर रखें।
- **कहाँ इस्तेमाल करें:** इंटरव्यू, टॉकिंग हेड वीडियो।
- **फायदे:** नेचुरल और विश्वसनीय लुक।

(B) हाई एंगल शॉट (High Angle Shot)

- **कैसे करें:** कैमरा को सब्जेक्ट के ऊपर रखें।
- **कहाँ इस्तेमाल करें:** सिनेमैटिक व्लॉग्स, ट्रैवल वीडियो।
- **फायदे:** नया पर्सपेक्टिव, आकर्षक विज़ुअल।

(C) लो एंगल शॉट (Low Angle Shot)

- **कैसे करें:** कैमरा को सब्जेक्ट के नीचे से शूट करें।
- **कहाँ इस्तेमाल करें:** मोटिवेशनल, एक्शन वीडियो।
- **फायदे:** प्रभावशाली और दमदार लुक।

(D) ओवर-द-शोल्डर शॉट (Over-the-Shoulder Shot)

- **कैसे करें:** कैमरा को सब्जेक्ट के पीछे रखें।
- **कहाँ इस्तेमाल करें:** रिएक्शन वीडियो, स्टोरीटेलिंग।
- **फायदे:** दर्शकों को कहानी से जोड़ता है।

(E) फर्स्ट-पर्सन व्यू (First-Person View)

- **कैसे करें:** कैमरा को सब्जेक्ट की आँखों के सामने रखें।
- **कहाँ इस्तेमाल करें:** गेमिंग, एडवेंचर वीडियो।
- **फायदे:** व्यूअर को इमर्सिव एक्सपीरियंस देता है।

3. कैमरा और मोबाइल से शूटिंग टिप्स

(A) कैमरा से शूटिंग के लिए ज़रूरी टिप्स

- **स्टेबलाइज़ेशन:** ट्राइपॉड या गिंबल का इस्तेमाल करें।
- **लाइटिंग:** नेचुरल या स्टूडियो लाइटिंग का सही उपयोग करें।
- **एंगल्स:** सही एंगल चुनें ताकि वीडियो आकर्षक दिखे।

(B) मोबाइल से शूटिंग के लिए ज़रूरी टिप्स

- **हाई क्वालिटी कैमरा ऐप:** प्रो मोड का उपयोग करें।
- **स्टेबलाइज़ेशन:** एक्सटर्नल गिंबल या ट्राइपॉड का इस्तेमाल करें।
- **माइक्रोफोन:** अच्छी ऑडियो क्वालिटी के लिए एक्सटर्नल माइक का उपयोग करें।

निष्कर्ष

- वीडियो शूटिंग में **कैमरा एंगल, लाइटिंग और स्टेबलाइज़ेशन** सबसे अहम फैक्टर होते हैं।
- सही एंगल और शॉट्स से वीडियो ज्यादा **प्रोफेशनल और आकर्षक** बनता है।
- मोबाइल और कैमरा दोनों से अच्छे वीडियो बनाए जा सकते हैं, बस सही तकनीक और उपकरणों का उपयोग जरूरी है।

अध्याय 13 (भाग 8)

बिना पैसे के वीडियो बनाना और सही इन्वेस्टमेंट प्लान

यूट्यूब पर एक सफल चैनल बनाने के लिए **वीडियो क्वालिटी** बहुत मायने रखती है। लेकिन अगर आप शुरुआत कर रहे हैं और आपके पास कोई बजट नहीं है, तो क्या करें? अगर आपके पास थोड़ा-बहुत पैसा है, तो उसे कहां इन्वेस्ट करें? और अगर आप यूट्यूब से पैसे कमाने लगें, तो अपनी क्वालिटी को और कैसे इंप्रूव करें? इस अध्याय में हम इन्हीं सवालों के जवाब विस्तार से जानेंगे।

1. जब आपके पास बिल्कुल भी पैसे नहीं हैं, तो क्या करें?

अगर आपके पास कोई बजट नहीं है, तो आपको उन चीजों का सही से इस्तेमाल करना होगा, जो पहले से आपके पास मौजूद हैं।

(A) कैमरा की जरूरत - मोबाइल से शुरुआत करें

अगर आपके पास कोई DSLR या महंगा कैमरा नहीं है, तो कोई दिक्कत नहीं। आप अपने **स्मार्टफोन के कैमरे** से ही अच्छी वीडियो बना सकते हैं।

- मोबाइल को **स्टेबल रखने के लिए** किसी सपोर्ट (जैसे टेबल, दीवार या ट्राइपॉड स्टैंड) का इस्तेमाल करें।

- अपने **कैमरा ऐप में** वीडियो सेटिंग्स को एडजस्ट करें, ताकि अच्छी क्वालिटी मिले।

- **दिन के उजाले में शूट करें**, ताकि लाइटिंग की समस्या न हो।

(B) माइक्रोफोन के बिना अच्छी ऑडियो कैसे रिकॉर्ड करें?

- मोबाइल के अपने **इन-बिल्ट माइक्रोफोन** का इस्तेमाल करें।

- **हेडफोन के माइक्रोफोन का उपयोग करें** (जो आमतौर पर अच्छी क्वालिटी देता है)।

- **शांत जगह** में रिकॉर्ड करें, ताकि बैकग्राउंड नॉइज़ कम से कम हो।

- एडिटिंग में **ऑडियो नॉइज़ रिमूवल टूल्स** का इस्तेमाल करें।

(C) फ्री एडिटिंग सॉफ्टवेयर का इस्तेमाल करें

अगर आपके पास महंगे एडिटिंग सॉफ्टवेयर खरीदने के पैसे नहीं हैं, तो आप इन फ्री टूल्स का इस्तेमाल कर सकते हैं:

- **मोबाइल यूजर्स के लिए:** CapCut, VN Video Editor, Kinemaster (फ्री वर्जन)

- **लैपटॉप यूजर्स के लिए:** DaVinci Resolve, HitFilm Express, OpenShot, Shotcut

2. अगर आपके पास थोड़ा-बहुत बजट है, तो कहां इन्वेस्ट करें?

अगर आपके पास थोड़े पैसे हैं और आप अपनी वीडियो क्वालिटी को सुधारना चाहते हैं, तो सबसे पहले **इन जरूरी चीजों पर इन्वेस्ट करें:**

(A) एक अच्छा माइक्रोफोन खरीदें

ऑडियो क्वालिटी बहुत मायने रखती है, इसलिए अगर आपका बजट थोड़ा भी है, तो सबसे पहले एक अच्छा माइक्रोफोन खरीदें।

- **लैवेलियर माइक्रोफोन (Lapel Mic)** - यह किफायती होता है और आसानी से मोबाइल और कैमरा दोनों से कनेक्ट हो जाता है।

- **USB माइक्रोफोन (PC यूजर्स के लिए)** - यह लैपटॉप और डेस्कटॉप यूजर्स के लिए अच्छा ऑप्शन है।

(B) ट्राइपॉड या मोबाइल होल्डर

अगर आप मोबाइल से शूट कर रहे हैं, तो एक स्टेबल शॉट के लिए **ट्राइपॉड जरूरी है।**

- अगर ट्राइपॉड नहीं लेना चाहते, तो फ्लैट सतह पर मोबाइल स्टैंड रखकर शूट करें।

(C) लाइटिंग सेटअप

अगर आप इंडोर शूट करते हैं, तो अच्छी लाइटिंग जरूरी होती है।

- **बजट ऑप्शन:** LED Bulb या Ring Light
- **प्रोफेशनल ऑप्शन:** Softbox Lights

(D) बेसिक एडिटिंग सॉफ्टवेयर (फ्री और पेड ऑप्शन)

- **फ्री:** DaVinci Resolve, VN Editor, CapCut
- **पेड:** Filmora, Adobe Premiere Pro

3. जब यूट्यूब से पैसे आने लगे, तब किन चीजों पर इन्वेस्ट करें?

अगर आप यूट्यूब से कमाने लगें, तो **अपनी वीडियो क्वालिटी को प्रोफेशनल लेवल पर लाने के लिए** नीचे दिए गए उपकरणों पर इन्वेस्ट कर सकते हैं।

(A) कैमरा अपग्रेड करें

जब आपकी इनकम आने लगे, तो स्मार्टफोन कैमरा से **DSLR या मिररलेस कैमरा** में अपग्रेड करें।

- **व्लॉगर्स के लिए:** कॉम्पैक्ट कैमरा
- **प्रोफेशनल यूट्यूबर्स के लिए:** DSLR या मिररलेस कैमरा

- **बजट ऑप्शन:** ब्रिज कैमरा या सेकेंड हैंड कैमरा

(B) प्रोफेशनल माइक्रोफोन खरीदें

अच्छी ऑडियो क्वालिटी के लिए एक **XLR या USB माइक्रोफोन** खरीदें।

- **हाई-एंड प्रोफेशनल माइक्रोफोन**
- **बजट ऑप्शन:** बेहतर क्वालिटी वाला लैवेलियर माइक

(C) एडिटिंग के लिए हाई-परफॉर्मेंस लैपटॉप या PC

अगर आप हाई-क्वालिटी वीडियो एडिटिंग करना चाहते हैं, तो आपको **एक अच्छा लैपटॉप या PC चाहिए होगा।**

- प्रोफेशनल एडिटिंग के लिए MacBook
- विंडोज यूजर्स के लिए गेमिंग लैपटॉप
- **बजट ऑप्शन:** ग्राफिक्स कार्ड वाला नॉर्मल लैपटॉप

(D) प्रोफेशनल लाइटिंग सेटअप

- LED Panel Lights - बेहतरीन ऑप्शन
- Softbox Lighting Kit - बेहतर स्टूडियो सेटअप के लिए

4. अगर आपका बजट बहुत ज्यादा है, तो किन चीजों पर इन्वेस्ट करें?

अगर आपका यूट्यूब चैनल अच्छा खासा पैसा कमाने लगा है और आप अपनी क्वालिटी को **हाई-एंड लेवल** पर ले जाना चाहते हैं, तो ये कुछ जरूरी इन्वेस्टमेंट हो सकते हैं:

- 4K कैमरा
- प्रोफेशनल ऑडियो इंटरफेस

- ग्रीन स्क्रीन और प्रीमियम बैकग्राउंड सेटअप
- एडिटिंग के लिए हाई-एंड PC Build

निष्कर्ष: सही तरीके से पैसा खर्च करें

- **अगर आपके पास पैसे नहीं हैं**, तो मोबाइल, फ्री एडिटिंग सॉफ्टवेयर और नेचुरल लाइटिंग का इस्तेमाल करें।

- **अगर आपके पास थोड़ा बजट है**, तो **माइक्रोफोन, ट्राइपॉड और बेसिक लाइटिंग** में इन्वेस्ट करें।

- **अगर आप यूट्यूब से कमा रहे हैं**, तो **कैमरा, एडिटिंग सेटअप और प्रोफेशनल ऑडियो** पर पैसा लगाएं।

- **अगर आपका बजट बहुत ज्यादा है**, तो **हाई-एंड कैमरा, एडिटिंग PC और प्रीमियम सेटअप** बनाएं।

अगर आप सही प्लानिंग के साथ इन्वेस्ट करेंगे, तो आपकी **वीडियो क्वालिटी बेहतर होगी, ऑडियंस तेजी से बढ़ेगी** और आपकी **यूट्यूब ग्रोथ और भी मजबूत होगी**।

अध्याय 14

वीडियो एडिटिंग के बेसिक फंडामेंटल्स

यूट्यूब पर एक प्रोफेशनल और एंगेजिंग वीडियो बनाने के लिए **वीडियो एडिटिंग** बेहद जरूरी है। अच्छी एडिटिंग न केवल वीडियो की क्वालिटी सुधारती है, बल्कि दर्शकों को लंबे समय तक जोड़े रखने में भी मदद करती है। इस अध्याय में हम वीडियो एडिटिंग के कुछ बुनियादी फंडामेंटल्स के बारे में विस्तार से जानेंगे।

1. A-Roll और B-Roll क्या होते हैं?

A-Roll (Primary Footage)

A-Roll वह **मुख्य फुटेज** होती है जिसमें आप कैमरे के सामने बात कर रहे होते हैं या आपका प्राइमरी कंटेंट मौजूद होता है। यह वीडियो की रीढ़ की हड्डी होती है और इसका सही उपयोग वीडियो की स्पष्टता और गुणवत्ता बढ़ाती है।

कब उपयोग करें?

- जब आप कैमरे के सामने सीधे दर्शकों से बात कर रहे हों।
- इंटरव्यू, ट्यूटोरियल और व्लॉग्स में।
- जब वीडियो का मुख्य विषय दर्शकों को समझाना हो।

कब नहीं करना चाहिए?

- जब केवल टेक्स्ट, विजुअल्स या एनिमेशन से बात को ज्यादा प्रभावी बनाया जा सकता हो।

- जब विजुअल्स को ज्यादा प्रभावी बनाना हो और कैमरा फेसिंग अनावश्यक लगे।

B-Roll (Supporting Footage)

B-Roll वह फुटेज होती है जो A-Roll को सपोर्ट करती है और वीडियो को अधिक **एंगेजिंग और विजुअली आकर्षक** बनाती है। यह मुख्य कंटेंट के साथ बैकग्राउंड विजुअल्स, एक्सप्लेनेशन क्लिप्स और एक्स्ट्रा फुटेज को शामिल करती है।

कब उपयोग करें?

- जब आप किसी चीज़ का वर्णन कर रहे हों और उसे विजुअली दिखाने की जरूरत हो।
- स्टोरीटेलिंग को अधिक प्रभावी बनाने के लिए।
- तब, जब वीडियो में डेड स्पेस (Dead Space) को भरना हो।

कब नहीं करना चाहिए?

- जब B-Roll का अधिक उपयोग मुख्य विषय से ध्यान भटका सकता हो।
- जब वीडियो में बहुत ज्यादा विजुअल क्लटर हो रहा हो।

2. Supers (On-Screen Text and Graphics) क्या होते हैं?

Supers वे **टेक्स्ट, एनिमेशन और ग्राफिक्स** होते हैं जो वीडियो के ऊपर दिखाए जाते हैं ताकि दर्शकों को अधिक स्पष्टता मिले। ये दर्शकों का ध्यान आकर्षित करने और जानकारी को बेहतर तरीके से प्रस्तुत करने में मदद करते हैं।

कब उपयोग करें?

- महत्वपूर्ण टेक्स्ट या बुलेट पॉइंट दिखाने के लिए।
- स्टैटिस्टिक्स, नाम या कैप्शंस को हाइलाइट करने के लिए।

- Call-To-Action (CTA) दिखाने के लिए, जैसे "लाइक करें, सब्सक्राइब करें।"

कब नहीं करना चाहिए?

- जब वीडियो पहले से ही बहुत टेक्स्ट-हैवी हो।
- जब Supers का गलत या अधिक उपयोग वीडियो को अव्यवस्थित बना सकता है।

3. एडिटिंग के दौरान टाइमिंग और प्लेसमेंट का ध्यान कैसे रखें?

A-Roll और B-Roll का बैलेंस बनाए रखें:

- 70% A-Roll और 30% B-Roll का रेशियो अच्छा रहता है।
- वीडियो को अधिक दिलचस्प बनाने के लिए सही समय पर B-Roll डालें।

Supers का सही उपयोग करें:

- प्रत्येक 5-10 सेकंड में जरूरी टेक्स्ट या ग्राफिक्स जोड़ें।
- टेक्स्ट को स्क्रीन पर 3-5 सेकंड तक रखें ताकि पढ़ने में आसानी हो।

Cut और Transitions का सही उपयोग करें:

- Jump Cuts का सही तरीके से उपयोग करें ताकि वीडियो तेज और एंगेजिंग लगे।
- Smooth Transitions (फेड इन, स्लाइड, डिप टू ब्लैक) का इस्तेमाल करें ताकि वीडियो प्रोफेशनल लगे।

Audio और Sound Effects का ध्यान रखें:

- बैकग्राउंड म्यूजिक को कंटेंट के अनुरूप रखें और इसकी वॉल्यूम को बैलेंस करें।
- Sound Effects (SFX) का सही तरीके से उपयोग करें, ताकि वीडियो ज्यादा इंटरएक्टिव लगे।

4. एडिटिंग के लिए जरूरी सॉफ्टवेयर और टूल्स

यदि आप वीडियो एडिटिंग में नए हैं, तो नीचे दिए गए कुछ लोकप्रिय एडिटिंग टूल्स आपकी मदद कर सकते हैं:

फ्री वीडियो एडिटिंग सॉफ्टवेयर:

- DaVinci Resolve
- iMovie (Mac Users)
- CapCut

प्रीमियम एडिटिंग सॉफ्टवेयर:

- Adobe Premiere Pro
- Final Cut Pro (Mac Users)
- Filmora

मोबाइल एडिटिंग ऐप्स:

- Kinemaster
- InShot
- VN Video Editor

निष्कर्ष

- **A-Roll** वीडियो का मुख्य हिस्सा होता है, जबकि **B-Roll** इसे विजुअली एंगेजिंग बनाता है।
- **Supers** का सही उपयोग वीडियो को और अधिक प्रभावी बना सकता है।
- **सही टाइमिंग और प्लेसमेंट** से वीडियो की क्वालिटी और ऑडियंस इंगेजमेंट में सुधार होता है।

- **एडिटिंग सॉफ्टवेयर** का सही चुनाव आपकी एडिटिंग स्किल्स को निखार सकता है।

अगर आप इन सभी चीजों को एडिटिंग में सही तरीके से लागू करते हैं, तो आपकी वीडियो ज्यादा प्रोफेशनल, एंगेजिंग और आकर्षक बनेगी, जिससे आपका यूट्यूब चैनल तेजी से ग्रो करेगा।

अध्याय 14 (भाग 2)

अगर A-Roll, B-Roll और Supers का उपयोग नहीं करेंगे तो वीडियो की क्वालिटी और ग्रोथ पर क्या असर पड़ेगा?

अभी हमने यह समझा कि **A-Roll, B-Roll और Supers** क्या होते हैं, इन्हें कैसे उपयोग किया जाता है और इनका वीडियो एडिटिंग में क्या महत्व है। लेकिन अगर हम इनका उपयोग **नहीं करते हैं**, तो इससे वीडियो की क्वालिटी और यूट्यूब ग्रोथ पर क्या प्रभाव पड़ेगा? इस अध्याय में हम विस्तार से जानेंगे कि **इन एलिमेंट्स को स्किप करने से वीडियो और चैनल पर क्या असर पड़ सकता है।**

1. बिना A-Roll के क्या नुकसान होंगे?

A-Roll वह मुख्य फुटेज होता है जिसमें **बोलने वाला व्यक्ति** या **मुख्य कंटेंट** होता है। अगर A-Roll को सही तरीके से उपयोग नहीं किया जाए या पूरी तरह हटा दिया जाए, तो निम्नलिखित दिक्कतें आ सकती हैं:

वीडियो का फोकस और उद्देश्य कमजोर हो जाएगा

अगर वीडियो में मुख्य जानकारी दर्शकों तक सही से नहीं पहुंचेगी, तो उन्हें समझ नहीं आएगा कि वीडियो किस बारे में है। वीडियो बिना किसी स्पष्ट दिशा के भटक सकता है।

ऑडियंस की इंगेजमेंट कम हो जाएगी

अगर वीडियो का मुख्य हिस्सा (A-Roll) प्रभावी नहीं होगा, तो दर्शक जल्दी स्किप कर देंगे या वीडियो छोड़ देंगे। इससे यूट्यूब का वॉच टाइम और रिटेंशन कम होगा, जिससे वीडियो की रैंकिंग प्रभावित होगी।

प्रोफेशनल लुक नहीं आएगा

बिना A-Roll के वीडियो अव्यवस्थित (Unstructured) लग सकता है। दर्शक कनेक्ट नहीं कर पाएंगे और चैनल पर ट्रस्ट कम होगा।

2. बिना B-Roll के क्या नुकसान होंगे?

B-Roll वीडियो के एक्स्ट्रा विजुअल्स होते हैं, जो मुख्य कंटेंट को सपोर्ट करते हैं और वीडियो को ज्यादा एंगेजिंग बनाते हैं। अगर B-Roll को हटा दिया जाए, तो:

वीडियो बोरिंग और स्टेटिक लगेगा

अगर वीडियो में सिर्फ **बोलने वाले व्यक्ति** को लगातार देखना पड़ेगा, तो यह दर्शकों के लिए उबाऊ हो सकता है। इंटरव्यू, ट्यूटोरियल और व्लॉग जैसे वीडियो में सिर्फ A-Roll रखना कम प्रभावी होगा।

समझने में मुश्किल होगी

टेक्निकल टॉपिक्स, ट्यूटोरियल और डेमोंस्ट्रेशन वीडियो में B-Roll आवश्यक होता है ताकि दर्शकों को अच्छे से समझ आए। उदाहरण के लिए, अगर आप किसी मोबाइल रिव्यू का वीडियो बना रहे हैं, लेकिन सिर्फ खुद को कैमरे में दिखा रहे हैं और प्रोडक्ट नहीं दिखा रहे, तो व्यूअर को समझने में कठिनाई होगी।

वीडियो की व्यूअर रिटेंशन कम होगी

बिना B-Roll के वीडियो एक ही एंगल पर टिक जाएगा, जिससे रिटेंशन रेट घट सकता है। यूट्यूब एल्गोरिदम वीडियो को प्रमोट नहीं करेगा क्योंकि अधिकतर लोग पूरी वीडियो देखने से पहले ही स्किप कर देंगे।

3. बिना Supers (टेक्स्ट ग्राफिक्स) के क्या नुकसान होंगे?

Supers वीडियो में आने वाले टेक्स्ट, एनिमेशन और ग्राफिक्स होते हैं, जो जानकारी को आसान और आकर्षक बनाते हैं। इनके बिना:

वीडियो कम आकर्षक और कम इंफॉर्मेटिव लगेगा

यदि कोई व्यक्ति वीडियो को म्यूट करके देख रहा हो, तो Supers के बिना उसे कुछ समझ नहीं आएगा। विजुअल एलिमेंट्स की कमी से वीडियो का इम्पैक्ट कम हो जाएगा।

Call-To-Action (CTA) कमजोर हो जाएगा

Supers CTA (जैसे "सब्सक्राइब करें," "लाइक करें," "वीडियो देखें") को हाईलाइट करने में मदद करते हैं। बिना Supers के CTA कम प्रभावी होगा, जिससे सब्सक्राइबर ग्रोथ कम होगी।

वीडियो प्रोफेशनल नहीं लगेगा

प्रोफेशनल एडिटिंग में टेक्स्ट और ग्राफिक्स एक आवश्यक एलिमेंट हैं। बिना Supers के वीडियो अधूरा और लो-लेवल का महसूस हो सकता है।

4. यूट्यूब ग्रोथ पर क्या असर पड़ेगा?

अगर A-Roll, B-Roll और Supers का उपयोग नहीं किया जाए, तो इसका सीधा असर यूट्यूब ग्रोथ पर पड़ेगा।

वॉच टाइम घटेगा

अगर लोग वीडियो को जल्दी छोड़ देते हैं, तो यूट्यूब एल्गोरिदम उस वीडियो को कम प्रमोट करेगा।

रिटेंशन रेट कम होगा

बिना विजुअल एलिमेंट्स के वीडियो कम आकर्षक होगा और लोग पूरी वीडियो नहीं देखेंगे।

CTR (Click-Through Rate) पर असर पड़ेगा

अगर थंबनेल और वीडियो में अच्छे ग्राफिक्स और टेक्स्ट नहीं होंगे, तो लोग कम क्लिक करेंगे।

SEO और प्रमोशन कमजोर होगा

यूट्यूब एल्गोरिदम कम वॉच टाइम और इंगेजमेंट के कारण वीडियो को प्रमोट नहीं करेगा।

सब्सक्राइबर ग्रोथ धीमी होगी

अगर दर्शक वीडियो से प्रभावित नहीं होंगे, तो वे चैनल को सब्सक्राइब नहीं करेंगे।

5. क्या करना चाहिए? (Best Practices)

- A-Roll को हमेशा क्लियर और शार्प रखें।
- B-Roll विजुअल्स को वीडियो के **महत्वपूर्ण हिस्सों में एड करें।**
- Supers को सही जगह और सही समय पर इस्तेमाल करें।
- Call-To-Action को Supers और B-Roll के साथ जोड़ें।
- वीडियो एडिटिंग में बैलेंस बनाएं ताकि वीडियो ज्यादा ओवर-एडिटेड या कम एडिटेड न लगे।

निष्कर्ष: क्यों जरूरी है A-Roll, B-Roll और Supers?

A-Roll के बिना वीडियो का फोकस और स्ट्रक्चर कमजोर हो जाएगा।

B-Roll के बिना वीडियो बोरिंग लगेगा और व्यूअर जल्दी स्किप कर देंगे।

Supers के बिना वीडियो कम इंफॉर्मेटिव लगेगा और CTA कमजोर रहेगा।

अगर इनका सही इस्तेमाल नहीं किया गया, तो **यूट्यूब एल्गोरिदम वीडियो को प्रमोट नहीं करेगा।**

इन तीनों का बैलेंस बनाकर इस्तेमाल करने से वीडियो ज्यादा प्रोफेशनल और एंगेजिंग बनता है।

अगर आप चाहते हैं कि आपका यूट्यूब चैनल जल्दी और लॉन्ग-टर्म ग्रो करे, तो **A-Roll, B-Roll और Supers** का सही उपयोग बहुत जरूरी है।

अब जब आप यह समझ गए हैं, तो **वीडियो एडिटिंग में इनका सही तरीके से इस्तेमाल करें और अपने चैनल को तेजी से ग्रो करें!**

अध्याय 15

लाइटिंग का सही उपयोग: बेहतरीन वीडियो क्वालिटी के लिए गाइड

वीडियो शूटिंग में लाइटिंग का सही उपयोग करना **सबसे महत्वपूर्ण फैक्टर** में से एक है। चाहे आप प्रोफेशनल कैमरा यूज़ कर रहे हों या मोबाइल से शूटिंग कर रहे हों, **अगर लाइटिंग सही नहीं है तो वीडियो की क्वालिटी खराब हो सकती है।**

इस अध्याय में हम विस्तार से समझेंगे:

1. लाइटिंग का महत्व और इसका वीडियो पर प्रभाव

2. नेचुरल लाइट vs. आर्टिफिशियल लाइट (कब, कैसे, और क्यों उपयोग करें?)

3. लाइटिंग के प्रकार और उनका सही उपयोग

4. बेस्ट लाइटिंग सेटअप (शुरुआत से एडवांस तक)

5. अगर लाइटिंग सही नहीं करेंगे तो क्या नुकसान होंगे?

6. लाइटिंग से चैनल ग्रोथ पर क्या असर पड़ता है?

1. लाइटिंग का महत्व और इसका वीडियो पर प्रभाव

लाइटिंग किसी भी वीडियो का **सबसे अहम एलिमेंट** है। अगर आपकी लाइटिंग सही नहीं होगी, तो आपकी वीडियो:

- **डार्क और अनप्रोफेशनल** लगेगी।

- **शेडो (छाया) ज्यादा होगी**, जिससे चेहरा साफ नहीं दिखेगा।

- **वीडियो ब्लर या नॉइज़ी लग सकती है**, जिससे व्यूअर का एक्सपीरियंस खराब होगा।

- **फेस एक्सप्रेशंस और बैकग्राउंड सही तरीके से नहीं दिखेंगे।**

यूट्यूब एल्गोरिदम ऐसे वीडियो को **कम प्रमोट करता है**, क्योंकि लोग ऐसे वीडियो को जल्द ही स्किप कर देते हैं या पूरी तरह नहीं देखते।

इसलिए, **अगर आपको एक प्रोफेशनल और आकर्षक वीडियो बनाना है, तो सही लाइटिंग जरूरी है।**

2. नेचुरल लाइट vs. आर्टिफिशियल लाइट (कब, कैसे, और क्यों उपयोग करें?)

नेचुरल लाइट (सूरज की रोशनी)

कब उपयोग करें?

- अगर आप **कम बजट में शुरुआत कर रहे हैं** और आपके पास आर्टिफिशियल लाइटिंग सेटअप नहीं है।

- व्लॉगिंग, नेचर वीडियो, आउटडोर शूटिंग, या नैचुरल लाइट लुक चाहिए हो।

- अगर आप **खिड़की के पास या खुले स्थान** में शूटिंग कर रहे हैं।

कैसे सही उपयोग करें?

- **गोल्डन आवर (सुबह 7-9 बजे और शाम 4-6 बजे) में शूट करें**, क्योंकि यह समय सबसे अच्छी और सॉफ्ट लाइटिंग देता है।

- खिड़की की **सीधी रोशनी को चेहरे पर पड़ने दें**, लेकिन बहुत ज्यादा हार्श लाइट होने पर सफेद पर्दा (Diffuser) लगाएं।

- **बैकलाइट से बचें**, यानी लाइट पीठ के पीछे से नहीं आनी चाहिए, वरना चेहरा डार्क दिखेगा।

फायदे:

✔ फ्री में उपलब्ध होती है।

✔ सॉफ्ट और नैचुरल लुक देती है।

✔ ज्यादा एडिटिंग की जरूरत नहीं होती।

नुकसान:

✘ लाइटिंग कंट्रोल नहीं कर सकते।

✘ दिन के अलग-अलग समय में लाइट बदलती रहती है।

✘ बादलों और मौसम के कारण लाइट अनस्टेबल हो सकती है।

आर्टिफिशियल लाइट (LED, Softbox, Ring Light)

कब उपयोग करें?

• जब आप **इनडोर शूटिंग कर रहे हैं।**

• **स्टूडियो सेटअप, ट्यूटोरियल, इंटरव्यू, या प्रोफेशनल वीडियो** बना रहे हैं।

• **नाइट शूटिंग** कर रहे हैं या जब नेचुरल लाइट उपलब्ध नहीं है।

कैसे सही उपयोग करें?

• **3-Point Lighting Setup** अपनाएं (Key Light, Fill Light, और Back Light)।

• **लाइट्स को चेहरे से 45 डिग्री एंगल पर सेट करें**, जिससे शैडो कम बने।

• बैकलाइट को बैकग्राउंड में हल्की रोशनी देने के लिए रखें।

फायदे:

✔ लाइटिंग कंट्रोल कर सकते हैं।

✔ हर समय एक जैसी क्वालिटी मिलती है।

✔ बैकग्राउंड को बेहतर तरीके से हाईलाइट किया जा सकता है।

नुकसान:

✖ अच्छी क्वालिटी की लाइट महंगी होती है।

✖ गलत सेटअप करने पर चेहरा ओवरएक्सपोज़ या डार्क दिख सकता है।

3. लाइटिंग के प्रकार और उनका सही उपयोग

(A) Key Light (मुख्य लाइट)

- यह **मुख्य लाइटिंग सोर्स** होती है, जो सीधे चेहरे या सब्जेक्ट पर पड़ती है।

- इसे **45° के एंगल** पर सेट करना चाहिए ताकि चेहरे पर एक नैचुरल लुक आए।

(B) Fill Light (शैडो कम करने के लिए)

- यह Key Light से कम ब्राइट होती है और चेहरे की **शैडो को बैलेंस करने का काम करती है।**

- इसे दूसरी साइड पर रखें ताकि एक ही साइड ज्यादा ब्राइट न हो।

(C) Back Light (बैकग्राउंड को अलग दिखाने के लिए)

- बैकग्राउंड को अलग करने के लिए **पीछे से हल्की रोशनी** दी जाती है।

- इससे वीडियो को **सिनेमैटिक लुक** मिलता है।

4. शुरुआत में बजट कम हो तो क्या करें?

अगर आपके पास **पैसा नहीं है,** तो:

✔ **खिड़की के पास शूट करें** और नैचुरल लाइट का सही उपयोग करें।

✔ सफेद शीट या रेफ्लेक्टर का उपयोग करें ताकि रोशनी अच्छी तरह फैले।

✔ मोबाइल की फ्लैशलाइट या टेबल लैम्प का इस्तेमाल करें।

अगर आपके पास **थोड़ा-बहुत बजट** है, तो:

✔ **LED Ring Light** खरीदें।

✔ **सस्ते स्टूडियो लाइटिंग सेट** का उपयोग करें।

✔ **DIY सॉफ़्टबॉक्स** बनाकर रोशनी को नियंत्रित करें।

5. अगर लाइटिंग सही नहीं करेंगे तो क्या नुकसान होंगे?

वीडियो प्रोफेशनल नहीं लगेगा।

चेहरा डार्क या ओवरएक्सपोज हो सकता है।

व्यूअर वीडियो छोड़ सकते हैं, जिससे वॉच टाइम कम होगा।

यूट्यूब एल्गोरिदम प्रमोट नहीं करेगा।

कंटेंट की क्वालिटी खराब होने से चैनल की **ग्रोथ धीमी होगी।**

6. लाइटिंग से चैनल ग्रोथ पर क्या असर पड़ता है?

बढ़िया लाइटिंग से वीडियो ज्यादा क्लियर और प्रोफेशनल लगती है।

व्यूअर इंगेजमेंट बढ़ता है, जिससे वॉच टाइम और रिटेंशन रेट अच्छा होता है।

यूट्यूब एल्गोरिदम ऐसे वीडियो को ज्यादा **प्रमोट** करता है।

CTR बढ़ता है क्योंकि थंबनेल अच्छे दिखते हैं।

निष्कर्ष: सही लाइटिंग से बेहतर वीडियो **कैसे बनाएं?**

- नेचुरल लाइट का सही समय पर उपयोग करें।

- अगर बजट है तो **LED Lights** और **Softbox** सेटअप में निवेश करें।

- **Key Light, Fill Light** और **Back Light** का बैलेंस बनाएं।
- अगर सही लाइटिंग नहीं होगी, तो वीडियो ग्रो नहीं करेगा।

अगर आप इन सभी चीजों को अपनाएंगे, तो **आपकी वीडियो क्वालिटी बेहतरीन होगी और यूट्यूब चैनल तेजी से ग्रो करेगा।**

अध्याय 16

वीडियो शूट करते समय ऑडियो क्वालिटी का महत्व और इसे कैसे बेहतर बनाएं?

जब आप एक वीडियो बनाते हैं, तो उसकी **ऑडियो क्वालिटी** उतनी ही महत्वपूर्ण होती है जितनी कि वीडियो की पिक्चर क्वालिटी। कई बार ऐसा होता है कि अगर वीडियो की इमेज क्वालिटी थोड़ी कम भी हो, तो लोग उसे देख सकते हैं, लेकिन अगर ऑडियो खराब हो, बैकग्राउंड नॉइज़ ज्यादा हो या आवाज़ क्लियर न हो, तो दर्शक तुरंत वीडियो छोड़ देते हैं। इस अध्याय में हम समझेंगे कि **अच्छी ऑडियो क्वालिटी** क्यों जरूरी है, इसे कैसे बेहतर बनाया जाए और किन उपकरणों का उपयोग करके आप अपने वीडियो के साउंड को और प्रोफेशनल बना सकते हैं।

1. ऑडियो क्वालिटी क्यों जरूरी है?

ऑडियो क्वालिटी का सीधा असर वीडियो के एंगेजमेंट और यूट्यूब ग्रोथ पर पड़ता है।

बेहतर ऑडियो के फायदे:

- **वॉच टाइम बढ़ता है:** अगर ऑडियो क्लियर है, तो लोग वीडियो पूरी देखते हैं।

- **कम्युनिकेशन इफेक्टिव होता है:** आपका मैसेज साफ-साफ समझ में आता है।

- **प्रोफेशनल लुक मिलता है:** अच्छा साउंड वीडियो को अधिक आकर्षक बनाता है।

- **यूट्यूब एल्गोरिदम सपोर्ट करता है:** लोग अगर वीडियो को जल्दी नहीं छोड़ते, मतलब वीडियो को अंत तक देखते हैं तो यूट्यूब उस वीडियो को ज्यादा प्रमोट करता है।

खराब ऑडियो के नुकसान:

- ऑडियंस को वीडियो समझने में दिक्कत होती है।

- बैकग्राउंड नॉइज़ और ईको से वीडियो अनप्रोफेशनल लगता है।

- लोग जल्दी स्किप कर देते हैं, जिससे यूट्यूब उस वीडियो को प्रमोट करना कम कर देता है।

2. ऑडियो रिकॉर्डिंग के लिए कौन-कौन से माइक होते हैं और उनका उपयोग कब करना चाहिए?

हर यूट्यूबर को अपने कंटेंट के अनुसार सही माइक का चुनाव करना चाहिए। मुख्यतः 4 प्रकार के माइक होते हैं:

(A) लैवेलियर माइक (Lavalier Mic - Clip Mic)

- ✔ **उपयोग:** इंटरव्यू, टॉकिंग हेड वीडियो, पर्सनल ब्लॉगिंग।

- ✔ **फायदे:** छोटा, आसानी से कपड़ों पर क्लिप हो जाता है, क्लियर ऑडियो।

- ✔ **बजट:** अगर आपका बजट कम है, तो यह अच्छा विकल्प हो सकता है।

(B) शॉटगन माइक (Shotgun Mic - Directional Mic)

- ✔ **उपयोग:** व्लॉगिंग, डॉक्यूमेंट्री, सिनेमैटिक शूटिंग।

- ✔ **फायदे:** यह केवल सामने से आने वाली आवाज़ को रिकॉर्ड करता है, जिससे बैकग्राउंड नॉइज़ कम होती है।

- ✔ **बजट:** अगर आपके पास थोड़ा ज्यादा बजट है, तो यह एक अच्छा विकल्प हो सकता है।

(C) USB माइक (USB Condenser Mic)

✔ **उपयोग:** पॉडकास्ट, वॉयसओवर, स्क्रीन रिकॉर्डिंग, स्टूडियो रिकॉर्डिंग।

✔ **फायदे:** सीधे कंप्यूटर से कनेक्ट होता है, क्लियर ऑडियो।

✔ **बजट:** यदि आप स्टूडियो सेटअप की ओर बढ़ना चाहते हैं, तो यह एक बढ़िया विकल्प हो सकता है।

(D) XLR माइक (Studio Mic - High-End Audio Setup)

✔ **उपयोग:** प्रोफेशनल म्यूजिक, हाई-क्वालिटी वॉयसओवर।

✔ **फायदे:** स्टूडियो लेवल साउंड क्वालिटी, बैकग्राउंड नॉइज़ बिल्कुल कम।

✔ **बजट:** यदि आपका बजट अधिक है और आप लंबे समय तक क्वालिटी इंप्रूव करना चाहते हैं, तो यह बेस्ट ऑप्शन हो सकता है।

3. अगर आपके पास पैसे नहीं हैं तो कैसे अच्छी ऑडियो रिकॉर्ड करें?

अगर आप **बिना किसी माइक के** रिकॉर्डिंग कर रहे हैं, तो भी कुछ आसान तरीके अपनाकर ऑडियो क्वालिटी को बेहतर कर सकते हैं:

✔ **मोबाइल माइक का सही उपयोग करें:**

- फोन को मुंह के करीब रखें।
- बंद कमरे में रिकॉर्ड करें ताकि बैकग्राउंड नॉइज़ न हो।
- माइक की दिशा, अगर आप बोल रहे हैं तो अपनी ओर रखें। अगर कोई और बोल रहा है तो उनकी ओर रखें।

✔ **नेचुरल साउंड का ध्यान रखें:**

- ज्यादा गूंज (Echo) वाले कमरे में रिकॉर्डिंग न करें।
- यदि बैकग्राउंड नॉइज़ ज्यादा है, तो रात के समय रिकॉर्ड करें जब शोर कम हो।

✔ **ऑडियो एडिटिंग सॉफ्टवेयर का उपयोग करें:**

- ऑडियो को साफ करने के लिए बेसिक साउंड एडिटिंग ऐप्स का इस्तेमाल करें।

4. ऑडियो एडिटिंग के लिए जरूरी बातें और साउंड इफेक्ट्स का सही उपयोग

एक बेहतरीन वीडियो में **सिर्फ अच्छी क्वालिटी की ऑडियो रिकॉर्डिंग ही काफी नहीं होती**, उसे सही एडिटिंग की भी जरूरत होती है।

(A) बैकग्राउंड म्यूजिक का सही उपयोग

✔ वीडियो को अधिक आकर्षक बनाता है।

✔ बिना डायलॉग के सीन में एनर्जी लाने के लिए जरूरी है।

✔ बैकग्राउंड म्यूजिक का वॉल्यूम संतुलित रखें ताकि यह वॉयस से ज्यादा तेज न हो।

(B) साउंड इफेक्ट्स का महत्व

✔ सही साउंड इफेक्ट्स से वीडियो अधिक प्रोफेशनल लगता है।

✔ एक्साइटमेंट बढ़ाने के लिए ट्रांजिशन साउंड और क्लिक साउंड का इस्तेमाल करें।

✔ Overuse न करें, वर्ना यह दर्शकों को परेशान कर सकता है।

(C) नॉइज़ रिडक्शन और ऑडियो क्लीनिंग

✔ ऑडियो एडिटिंग टूल्स में **Noise Reduction** फीचर का उपयोग करें।

✔ High Pass और Low Pass Filters से अनावश्यक शोर हटाएं।

5. अगर ऑडियो क्वालिटी सही नहीं होगी तो क्या नुकसान हो सकता है?

ऑडियंस आपकी वीडियो को पूरी तरह नहीं देखेगी।

यूट्यूब आपकी वीडियो को कम प्रमोट करेगा।

लोग वीडियो पर नेगेटिव फीडबैक दे सकते हैं।

आपका कंटेंट अनप्रोफेशनल लगेगा।

6. अच्छी ऑडियो क्वालिटी के लिए जरूरी टिप्स

✔ हमेशा अच्छी क्वालिटी का माइक इस्तेमाल करें।

✔ बैकग्राउंड नॉइज़ को कम करने के लिए साइलेंट जगह पर रिकॉर्ड करें।

✔ ऑडियो एडिटिंग टूल्स से नॉइज़ हटाएं और बैलेंस बनाए रखें।

✔ वीडियो एडिटिंग में बैकग्राउंड म्यूजिक और साउंड इफेक्ट्स का सही उपयोग करें।

निष्कर्ष

- ऑडियो क्वालिटी अच्छी होगी, तो वीडियो प्रोफेशनल लगेगा।

- अच्छी ऑडियो के बिना, अच्छे कंटेंट का भी कोई फायदा नहीं।

- ऑडियो क्लैरिटी और बैकग्राउंड म्यूजिक वीडियो को ज्यादा एंगेजिंग बनाते हैं।

- अगर सही ऑडियो रिकॉर्डिंग और एडिटिंग नहीं करेंगे, तो वीडियो की क्वालिटी खराब हो सकती है और चैनल की ग्रोथ पर असर पड़ेगा।

अगर आप इन सभी चीजों को ध्यान में रखेंगे, तो आप बिना ज्यादा खर्च किए भी **बेहतर ऑडियो क्वालिटी के साथ प्रोफेशनल वीडियो बना सकते हैं** और यूट्यूब पर सफल हो सकते हैं।

अध्याय 16 (भाग 2)

नो कॉपीराइट म्यूजिक, साउंड इफेक्ट्स और बैकग्राउंड म्यूजिक कहां से लें?

अभी हमने यह समझा कि **ऑडियो क्वालिटी** एक अच्छी वीडियो के लिए कितनी महत्वपूर्ण होती है। लेकिन सिर्फ अच्छी क्वालिटी की ऑडियो रिकॉर्ड करना ही काफी नहीं है, **वीडियो एडिटिंग के दौरान सही म्यूजिक, साउंड इफेक्ट्स और बैकग्राउंड म्यूजिक का चुनाव भी बेहद जरूरी होता है।** यह वीडियो की भावनाओं को दर्शकों तक सही तरीके से पहुंचाने में मदद करता है और इससे वीडियो ज्यादा प्रोफेशनल बनाती है।

लेकिन, **अगर आप गलत तरीके से किसी का म्यूजिक या साउंड इफेक्ट उपयोग कर लेते हैं, तो आपको कॉपीराइट क्लेम या स्ट्राइक का सामना करना पड़ सकता है।** इससे बचने के लिए ज़रूरी है कि आप *नो कॉपीराइट म्यूजिक* और *रॉयल्टी-फ्री साउंड इफेक्ट्स* का उपयोग करें।

इस अध्याय में हम विस्तार से समझेंगे:

- **नो कॉपीराइट म्यूजिक क्या होता है?**
- **किन वेबसाइट्स से आप फ्री और पेड म्यूजिक या साउंड इफेक्ट्स डाउनलोड कर सकते हैं?**
- **यूट्यूब की ऑडियो लाइब्रेरी क्या है और इसका उपयोग कैसे करें?**
- **पेड और फ्री म्यूजिक लाइब्रेरी के फायदे और नुकसान**

नो कॉपीराइट म्यूजिक क्या होता है?

नो कॉपीराइट म्यूजिक वह संगीत होता है जिसे आप बिना किसी कॉपीराइट दावे या स्ट्राइक के अपने वीडियो में उपयोग कर सकते हैं। यह **रॉयल्टी-फ्री म्यूजिक** के अंतर्गत आता है, जिसका मतलब यह होता है कि आप इसे एक बार डाउनलोड करके लाइसेंस की शर्तों के अनुसार हमेशा उपयोग कर सकते हैं।

अधिकतर फ्री म्यूजिक के लिए दो प्रकार की शर्तें होती हैं:

1. **फ्री-टू-यूज़ (Free to Use)** - इस तरह के म्यूजिक और साउंड इफेक्ट्स का उपयोग आप बिना किसी लाइसेंस या अनुमति के कर सकते हैं।

2. **क्रेडिट अनिवार्य (Attribution Required)** - कुछ फ्री म्यूजिक लाइब्रेरी यह शर्त रखती हैं कि आप म्यूजिक के निर्माता को क्रेडिट देंगे।

फ्री नो कॉपीराइट म्यूजिक और साउंड इफेक्ट्स के लिए बेस्ट वेबसाइट्स

अगर आप फ्री में **रॉयल्टी-फ्री बैकग्राउंड म्यूजिक या साउंड इफेक्ट्स** की तलाश कर रहे हैं, तो नीचे दी गई वेबसाइट्स आपकी मदद कर सकती हैं।

यूट्यूब ऑडियो लाइब्रेरी (YouTube Audio Library)

यूट्यूब का खुद का प्लेटफॉर्म, जो हजारों फ्री बैकग्राउंड म्यूजिक और साउंड इफेक्ट्स प्रदान करता है।

- यूट्यूब स्टूडियो में जाकर **ऑडियो लाइब्रेरी** सेक्शन से एक्सेस कर सकते हैं।

- यहाँ उपलब्ध सभी ट्रैक्स नो कॉपीराइट होते हैं, लेकिन कुछ पर एट्रिब्यूशन (Credit) देना जरूरी होता है।

- इसमें *साउंड इफेक्ट्स* का भी एक बड़ा कलेक्शन मौजूद है, जिसे आप मुफ्त में उपयोग कर सकते हैं।

Pixabay Music

Pixabay सिर्फ फ्री इमेजेस के लिए ही नहीं, बल्कि फ्री म्यूजिक और साउंड इफेक्ट्स के लिए भी एक बेहतरीन प्लेटफॉर्म है।

- यहां आप **रॉयल्टी-फ्री म्यूजिक, बैकग्राउंड साउंड और साउंड इफेक्ट्स** डाउनलोड कर सकते हैं।
- अधिकतर म्यूजिक को क्रेडिट देने की जरूरत नहीं होती।

NoCopyrightSounds (NCS)

यह एक लोकप्रिय प्लेटफॉर्म है, जो यूट्यूब क्रिएटर्स के लिए नो कॉपीराइट इलेक्ट्रॉनिक और हिप-हॉप म्यूजिक प्रदान करता है।

- यह म्यूजिक यूट्यूब वीडियो, व्लॉग्स और गेमिंग कंटेंट के लिए काफी प्रसिद्ध है।
- इसका उपयोग करने के लिए अक्सर **एट्रिब्यूशन (म्यूजिक क्रिएटर का नाम देना) जरूरी होता है।**

Mixkit

यह एक फ्री म्यूजिक लाइब्रेरी है, जो वीडियो एडिटिंग के लिए रॉयल्टी-फ्री बैकग्राउंड म्यूजिक और साउंड इफेक्ट्स प्रदान करती है।

- यहां का म्यूजिक विभिन्न केटेगरी में उपलब्ध होता है, जैसे - ट्रैवल, मोटिवेशनल, सस्पेंस, एक्शन आदि।
- सभी ट्रैक्स मुफ्त में डाउनलोड किए जा सकते हैं।

FreeSound

यह एक ओपन-सोर्स प्लेटफॉर्म है, जहां हजारों साउंड इफेक्ट्स उपलब्ध हैं।

- इसका उपयोग करने के लिए साइन अप करना जरूरी होता है।
- कुछ साउंड इफेक्ट्स के लिए एट्रिब्यूशन जरूरी हो सकता है।

पेड म्यूजिक और साउंड इफेक्ट्स के लिए बेस्ट वेबसाइट्स

अगर आप *प्रीमियम क्वालिटी* के बैकग्राउंड म्यूजिक और साउंड इफेक्ट्स चाहते हैं, तो नीचे दी गई वेबसाइट्स आपको पेड प्लान्स ऑफर करती हैं।

Epidemic Sound

यह दुनिया की सबसे प्रसिद्ध म्यूजिक लाइब्रेरी है, जिसे यूट्यूब और प्रोफेशनल एडिटर्स सबसे ज्यादा इस्तेमाल करते हैं।

- इसमें हजारों बैकग्राउंड म्यूजिक और साउंड इफेक्ट्स उपलब्ध हैं।
- हर म्यूजिक ट्रैक को अलग-अलग इंस्ट्रूमेंटल लेयर्स में डाउनलोड किया जा सकता है।

Artlist

अगर आप हाई-क्वालिटी, सिनेमैटिक म्यूजिक और साउंड इफेक्ट्स की तलाश कर रहे हैं, तो Artlist एक बेहतरीन ऑप्शन है।

- यह सालाना सब्सक्रिप्शन पर अनलिमिटेड म्यूजिक और साउंड इफेक्ट्स देता है।
- एक बार डाउनलोड करने के बाद लाइफटाइम उपयोग कर सकते हैं।

AudioJungle

यह एक पेड म्यूजिक लाइब्रेरी है, जहां आप जरूरत के हिसाब से म्यूजिक ट्रैक खरीद सकते हैं।

- यह खासतौर पर एडवरटाइजिंग और डॉक्यूमेंट्री वीडियो के लिए अच्छा ऑप्शन है।

PremiumBeat

यह उन क्रिएटर्स के लिए बढ़िया प्लेटफॉर्म है, जो फिल्मों, एडवरटाइजिंग और हाई-लेवल वीडियो प्रोडक्शन के लिए म्यूजिक चाहते हैं।

- यहां हर ट्रैक को अलग-अलग लाइसेंस के साथ खरीदा जा सकता है।

फ्री और पेड म्यूजिक लाइब्रेरी के फायदे और नुकसान

फ्री म्यूजिक लाइब्रेरी के फायदे:

- बिना किसी लागत के म्यूजिक और साउंड इफेक्ट्स डाउनलोड कर सकते हैं।
- यूट्यूब ऑडियो लाइब्रेरी से सीधे म्यूजिक और साउंड इफेक्ट्स प्राप्त कर सकते हैं।

फ्री म्यूजिक लाइब्रेरी के नुकसान:

- कुछ लाइब्रेरी में एट्रिब्यूशन देना जरूरी होता है।
- सीमित ऑप्शन और कम क्वालिटी की साउंड हो सकती है।

पेड म्यूजिक लाइब्रेरी के फायदे:

- हाई-क्वालिटी ऑडियो और बिना किसी कॉपीराइट रिस्क के उपयोग कर सकते हैं।
- एक बार खरीदने के बाद लाइफटाइम उपयोग कर सकते हैं।

पेड म्यूजिक लाइब्रेरी के नुकसान:

- इनके लिए आपको भुगतान करना पड़ता है।
- सभी क्रिएटर्स के लिए हर बार भुगतान करना संभव नहीं हो सकता।

निष्कर्ष

- अगर आपका बजट **कम है**, तो YouTube Audio Library, Pixabay, Mixkit और NoCopyrightSounds बेहतरीन विकल्प हैं।
- अगर आप **प्रोफेशनल वीडियो** बना रहे हैं, तो Epidemic Sound, Artlist, और PremiumBeat अच्छे विकल्प हो सकते हैं।

- हमेशा यह सुनिश्चित करें कि आप जिस म्यूजिक का उपयोग कर रहे हैं, वह **रॉयल्टी-फ्री और कॉपीराइट से सुरक्षित हो।**

अगर आप सही म्यूजिक और साउंड इफेक्ट्स का उपयोग करेंगे, तो आपकी वीडियो **ज्यादा एंगेजिंग, प्रोफेशनल और दर्शकों के लिए आकर्षक** बनेगी।

अध्याय 17

वीडियो एडिटिंग से रिलेटेड सही जानकारी लेने के लिए यूट्यूब पर कैसे सर्च करें?

वीडियो एडिटिंग के लिए सही जानकारी प्राप्त करना बहुत जरूरी है, क्योंकि बिना सही जानकारी के आप या तो गलत सॉफ़्टवेयर और टूल्स चुन सकते हैं या फिर वीडियो एडिटिंग में बहुत समय बर्बाद कर सकते हैं। इस अध्याय में हम जानेंगे कि यूट्यूब पर **कैसे सर्च करें, किन कीवर्ड्स का उपयोग करें,** और **कैसे पता करें कि कौन-सा वीडियो सही जानकारी दे रहा है और कौन-सा नहीं।**

1. यूट्यूब पर सही जानकारी कैसे सर्च करें?

यूट्यूब एक बहुत बड़ा वीडियो सर्च इंजन है, लेकिन सही जानकारी तक पहुँचने के लिए आपको **सही तरीके से सर्च करना आना चाहिए।**

(A) सही कीवर्ड्स (Keywords) का उपयोग करें

जब आप यूट्यूब पर वीडियो एडिटिंग से संबंधित जानकारी खोज रहे हों, तो आपको **सही कीवर्ड्स डालने होंगे,** जिससे आपको **सही और बेस्ट वीडियो मिलें।**

कीवर्ड्स कैसे डालें?

- **सिर्फ** "Video Editing Software" सर्च करने के बजाय, **"Best Free Video Editing Software for Beginners 2025"** टाइप करें।

- **"Mobile Video Editing"** के बजाय **"Best Mobile Video Editing Apps Free 2025"** लिखें।

- **"PC Video Editing Software"** के बजाय **"Best Free PC Video Editing Software for High-Quality Editing 2025"** लिखें।

बेस्ट सर्च कीवर्ड्स के कुछ उदाहरण

- Best free video editing software 2025
- Best paid video editing software 2025
- Best video editing apps for Android/iOS 2025
- Best video editing software for YouTube 2025
- Free video editing software without watermark
- How to edit videos professionally for YouTube

अगर आप हिंदी में सर्च कर रहे हैं, तो इस तरह से कीवर्ड डालें:

- "बेस्ट फ्री वीडियो एडिटिंग सॉफ्टवेयर 2025"
- "मोबाइल के लिए फ्री वीडियो एडिटिंग ऐप्स"
- "यूट्यूब वीडियो एडिटिंग के लिए सबसे अच्छा सॉफ्टवेयर"

2. कैसे पता करें कि कौन-सी वीडियो सही जानकारी दे रही है?

यूट्यूब पर बहुत सारी वीडियो होती हैं, लेकिन सभी वीडियो सही जानकारी नहीं देतीं। आपको **इस बात की पहचान करनी होगी कि कौन-सी वीडियो सही और भरोसेमंद है।**

कैसे पहचानें कि वीडियो सही जानकारी दे रही है या नहीं?

(A) वीडियो की पब्लिश डेट चेक करें

- **सिर्फ नई वीडियो देखें** (2025 या लेटेस्ट अपडेट वाली वीडियो)।
- **अगर कोई वीडियो बहुत पुरानी (2022-2023) है, तो उसकी जानकारी पुरानी हो सकती है।**

(B) वीडियो के कमेंट्स पढ़ें

- अगर वीडियो के नीचे **कई लोगों ने पॉजिटिव कमेंट्स किए हैं** और वीडियो को **लोगों ने पसंद किया है**, तो इसका मतलब है कि वीडियो में सही जानकारी दी गई है।

- अगर **बहुत सारे नेगेटिव कमेंट्स हैं** और लोग कह रहे हैं कि **जानकारी गलत है या आउटडेटेड है**, तो उस वीडियो को स्किप करें।

(C) वीडियो बनाने वाले का एक्सपर्टीज़ चेक करें

- अगर वीडियो **किसी प्रोफेशनल वीडियो एडिटर, यूट्यूबर या टेक एक्सपर्ट** ने बनाया है, तो उसकी जानकारी पर भरोसा किया जा सकता है।

- अगर वीडियो **किसी ऐसे व्यक्ति ने बनाई है, जिसके पास खुद ही सही जानकारी नहीं है।** तो उस पर विश्वास न करें।

(D) वीडियो में दिया गया डेमो देखें

- अगर वीडियो में **सिर्फ बातें ही बातें हैं और कोई प्रैक्टिकल डेमो नहीं दिया गया है**, तो वह वीडियो पूरी तरह भरोसेमंद नहीं हो सकती।

- **अच्छी वीडियो में आपको स्क्रीन रिकॉर्डिंग और एडिटिंग का सही तरीका दिखाया जाता है।**

(E) वीडियो के डिस्क्रिप्शन में लिंक चेक करें

- अगर वीडियो में दिए गए **सॉफ़्टवेयर की लिंक** सही वेबसाइट (जैसे कि ऑफिशियल वेबसाइट) पर ले जाती हैं, तो वीडियो सही हो सकती है।

- अगर लिंक **किसी अनजानी वेबसाइट पर ले जाती है या फेक लिंक हैं,** तो वीडियो पर भरोसा न करें।

3. फ्री और पेड वीडियो एडिटिंग सॉफ़्टवेयर के लिए कैसे सर्च करें?

अगर आप जानना चाहते हैं कि **सबसे अच्छा फ्री या पेड वीडियो एडिटिंग सॉफ्टवेयर कौन-सा है**, तो यूट्यूब पर इस तरह से सर्च करें:

फ्री वीडियो एडिटिंग सॉफ्टवेयर के लिए सर्च कीवर्ड्स

- **Best Free Video Editing Software 2025 (No Watermark)**
- **Top 5 Free Video Editing Software for Beginners**
- **Best Free Mobile Video Editing Apps 2025**
- **Best Free PC Video Editor Without Watermark**

अगर हिंदी में सर्च कर रहे हैं, तो इस तरह से करें:

- "बेस्ट फ्री वीडियो एडिटिंग सॉफ्टवेयर 2025"
- "सबसे अच्छा फ्री वीडियो एडिटिंग ऐप कौन-सा है?"

पेड (Paid) वीडियो एडिटिंग सॉफ़्टवेयर के लिए सर्च कीवर्ड्स

- **Best Professional Video Editing Software 2025**
- **Best Paid Video Editor for YouTube**
- **Top 5 Video Editing Software for Professionals**

हिंदी में सर्च करने के लिए:

- "सबसे अच्छा पेड वीडियो एडिटिंग सॉफ्टवेयर कौन-सा है?"
- "यूट्यूब वीडियो एडिटिंग के लिए बेस्ट पेड सॉफ्टवेयर 2025"

4. कौन-सा सॉफ़्टवेयर या ऐप्स चुनें? (फ्री vs पेड)

अब जब आप यूट्यूब पर सर्च कर सकते हैं, तो आपको यह भी समझना होगा कि **कब फ्री सॉफ़्टवेयर का उपयोग करें और कब पेड सॉफ़्टवेयर लेना बेहतर होगा।**

(A) अगर आपके पास पैसे नहीं हैं, तो फ्री सॉफ़्टवेयर चुनें:

* ऐसे वीडियो एडिटिंग सॉफ़्टवेयर ढूँढें, जिनमें वाटरमार्क न हो।
* मोबाइल और PC दोनों के लिए फ्री ऑप्शंस देखें।

(B) अगर आपके पास थोड़े पैसे हैं, तो सस्ते और अच्छे पेड सॉफ़्टवेयर देखें:

* यूट्यूब पर "Best Budget Video Editing Software 2025" टाइप करके देखें।
* कुछ सॉफ़्टवेयर में One-time payment का ऑप्शन होता है, जो अच्छा हो सकता है।

(C) अगर आप प्रोफेशनल एडिटर बनना चाहते हैं, तो हाई-एंड पेड सॉफ़्टवेयर लें:

* "Best Professional Video Editing Software 2025" सर्च करें।
* ऐसे सॉफ़्टवेयर देखें, जो बड़े यूट्यूबर्स और प्रोफेशनल एडिटर्स इस्तेमाल करते हैं।

निष्कर्ष: सही जानकारी के लिए यूट्यूब पर कैसे सर्च करें?

1. सही कीवर्ड्स डालें और "2025" ज़रूर जोड़ें, और आप जिस भी सन में इस किताब को पढ़ रहे हैं या फिर जिस भी सन में आप कंटेंट क्रिएट करना चाहते हैं, वह सन जरूर डालें जहां जहां पर 2025 लिखा है।
2. वीडियो की पब्लिश डेट, कमेंट्स और डिस्क्रिप्शन चेक करें।
3. सिर्फ उन्हीं वीडियो को देखें, जिनमें सही डेमो और जानकारी दी गई हो।
4. फ्री और पेड सॉफ़्टवेयर के लिए अलग-अलग सर्च कीवर्ड्स का उपयोग करें।

अगर आप इन तरीकों को फॉलो करेंगे, तो आपको यूट्यूब पर **सबसे सही और अपडेटेड जानकारी मिलेगी** और आप **बेहतर वीडियो एडिटर चुन सकेंगे।**

अध्याय 17 (भाग 2)

अगर सही सॉफ़्टवेयर और ऐप्स से एडिटिंग नहीं करेंगे तो क्या प्रभाव पड़ेगा?

अभी हमने यह जाना कि यूट्यूब पर सही वीडियो एडिटिंग सॉफ़्टवेयर और ऐप्स कैसे खोजें और सही जानकारी तक कैसे पहुँचा जाए। लेकिन अगर आप **गलत सॉफ़्टवेयर चुनते हैं या वीडियो एडिटिंग के लिए सही टूल्स का इस्तेमाल नहीं करते हैं**, तो इसका **आपकी वीडियो क्वालिटी, ऑडियंस एंगेजमेंट और चैनल की ग्रोथ पर सीधा असर पड़ेगा।**

इस अध्याय में हम विस्तार से समझेंगे कि **गलत एडिटिंग टूल्स का इस्तेमाल करने से आपके चैनल और कंटेंट पर क्या प्रभाव पड़ सकता है।**

1. वीडियो क्वालिटी पर असर

अगर आप सही एडिटिंग सॉफ़्टवेयर और ऐप्स का इस्तेमाल नहीं करेंगे, तो **वीडियो क्वालिटी खराब हो सकती है,** जिससे दर्शक **आपकी वीडियो को पसंद नहीं करेंगे और जल्दी स्किप कर देंगे।**

(A) लो-रिज़ॉल्यूशन (Low Resolution) और खराब वीडियो आउटपुट

- गलत एडिटिंग सॉफ़्टवेयर से **वीडियो का रेजोल्यूशन खराब** हो सकता है।
- अगर आप 720p या उससे कम **क्वालिटी में वीडियो एक्सपोर्ट करते हैं,** तो आपकी वीडियो **प्रोफेशनल नहीं लगेगी** और ऑडियंस इसे पसंद नहीं करेगी।

- **बेहतर रिज़ॉल्यूशन (1080p या 4K) वाली वीडियो ज्यादा अच्छी लगती है और ज्यादा व्यूज़ मिलते हैं।**

(B) वॉटरमार्क और एडिटिंग लिमिटेशन

- **फ्री एडिटिंग सॉफ़्टवेयर अगर सही नहीं चुना गया**, तो आपकी वीडियो पर **वॉटरमार्क (Watermark) लग सकता है।**

- वॉटरमार्क **वीडियो को अनप्रोफेशनल बनाता है**, जिससे **दर्शकों पर गलत प्रभाव पड़ता है।**

- **कुछ फ्री ऐप्स में लिमिटेड फीचर्स होते हैं**, जिससे आप वीडियो को अच्छे से एडिट नहीं कर पाते।

(C) सिंकिंग इश्यू (Audio-Video Out of Sync)

- **गलत सॉफ्टवेयर या लो-क्वालिटी ऐप्स में ऑडियो और वीडियो सिंक प्रॉब्लम होती है**, जिससे वीडियो देखने का एक्सपीरियंस खराब होता है।

- **अगर आपकी वीडियो में ऑडियो और वीडियो मैच नहीं करेंगे**, तो दर्शक आपकी वीडियो को जल्दी छोड़ देंगे।

(D) एनिमेशन और ट्रांज़िशन की कमी

- कमज़ोर एडिटिंग टूल्स में अच्छे ट्रांज़िशन और इफेक्ट्स नहीं होते।

- सही ट्रांज़िशन, टेक्स्ट एनिमेशन और विजुअल इफेक्ट्स वीडियो को प्रोफेशनल बनाते हैं।

- अगर वीडियो को अच्छे से एडिट नहीं किया गया तो, **वीडियो बोरिंग लग सकती है।**

2. चैनल की ग्रोथ पर असर

यूट्यूब चैनल की ग्रोथ में **वीडियो क्वालिटी, ऑडियंस एंगेजमेंट और वॉच टाइम का बहुत बड़ा योगदान होता है।** अगर एडिटिंग सही नहीं होगी, तो चैनल की ग्रोथ धीमी हो सकती है।

(A) वॉच टाइम कम हो जाएगा

- अगर वीडियो सही से एडिट नहीं की गई होगी, तो दर्शक इसे **पूरा देखने** की बजाय जल्दी छोड़ देंगे।

- यूट्यूब एल्गोरिदम वॉच टाइम को बहुत ज्यादा महत्व देता है, इसलिए कम वॉच टाइम वाली वीडियो को यूट्यूब प्रमोट नहीं करता।

- अगर एडिटिंग कमजोर होगी, तो दर्शकों की रुचि जल्दी खत्म हो जाएगी और वे वीडियो स्किप कर देंगे।

(B) वीडियो का CTR (Click-Through Rate) कम होगा

- सही एडिटिंग से वीडियो का थंबनेल और ओपनिंग शॉट आकर्षक बनता है, जिससे लोग वीडियो पर क्लिक करते हैं।

- अगर वीडियो का इन्ट्रो अच्छा नहीं है या एडिटिंग खराब है, तो दर्शक वीडियो पर **क्लिक नहीं करेंगे**, जिससे आपका **CTR कम हो जाएगा।**

- कम CTR से यूट्यूब आपके वीडियो को प्रमोट नहीं करेगा।

(C) चैनल की ब्रांड वैल्यू गिर सकती है

- अगर वीडियो एडिटिंग प्रोफेशनल नहीं लगेगी, तो लोग आपके चैनल को सीरियसली नहीं लेंगे।

- एक **अच्छी एडिटिंग चैनल की ब्रांड वैल्यू बढ़ाती है,** जिससे ऑडियंस पर अच्छा प्रभाव पड़ता है।

(D) यूट्यूब एल्गोरिदम वीडियो को प्रमोट नहीं करेगा

- यूट्यूब उन्हीं वीडियो को प्रमोट करता है, जिनका वॉच टाइम और एंगेजमेंट अच्छा होता है।

- अगर वीडियो की क्वालिटी खराब होगी, तो यूट्यूब एल्गोरिदम इसे कम प्रमोट करेगा, जिससे व्यूज कम होंगे।

- कम एंगेजमेंट का मतलब कम ग्रोथ और कम इनकम।

3. दर्शकों की एंगेजमेंट पर असर

अगर आपकी वीडियो **अच्छे तरीके से एडिट नहीं की गई है**, तो दर्शक वीडियो पर ज्यादा समय नहीं बिताएंगे और वे **आपके चैनल को सब्सक्राइब भी नहीं करेंगे।**

(A) बोरिंग वीडियो से दर्शक हट सकते हैं

- अगर वीडियो में **अच्छे इफेक्ट्स, सही म्यूजिक और अच्छे ट्रांज़िशन नहीं** होंगे, तो **वीडियो देखने में मज़ा नहीं आएगा।**
- दर्शक अगर एंगेज नहीं होंगे, तो वे वीडियो जल्दी छोड़ देंगे।

(B) बिना अच्छे टेक्स्ट और ग्राफिक्स के समझना मुश्किल होगा

- अगर वीडियो में टेक्स्ट, एनोटेशन, और एनिमेटेड टेक्स्ट का सही **इस्तेमाल नहीं किया गया**, तो ऑडियंस को वीडियो समझने में दिक्कत होगी।
- एक अच्छी एडिटिंग दर्शकों को जानकारी को जल्दी समझने में मदद करती है।

(C) कॉम्पिटिटर्स से पिछड़ सकते हैं

- अगर आपका कंटेंट एडिटिंग में कमजोर होगा, तो दर्शक आपके कॉम्पिटिटर्स के वीडियो देखेंगे।
- अच्छे एडिटिंग टूल्स के बिना आप उन चैनलों से मुकाबला नहीं कर सकते, जो हाई-क्वालिटी वीडियो डालते हैं।

4. सही एडिटिंग से होने वाले फायदे

अगर आप **सही एडिटिंग सॉफ़्टवेयर और ऐप्स का इस्तेमाल करेंगे**, तो आपके चैनल और वीडियो की ग्रोथ तेज होगी।

(A) ज्यादा वॉच टाइम और व्यूज

- **अच्छी एडिटिंग से वीडियो आकर्षक बनती है**, जिससे लोग इसे ज्यादा देर तक देखते हैं।

(B) ऑडियंस ज्यादा एंगेज होगी

- वीडियो में अच्छे टेक्स्ट, इफेक्ट्स और ट्रांज़िशन होंगे, तो लोग इसे ज्यादा पसंद करेंगे।

(C) यूट्यूब एल्गोरिदम ज्यादा प्रमोट करेगा

- अगर लोग वीडियो को ज्यादा देखेंगे, तो यूट्यूब इसे रिकमेंड करेगा और आपकी ग्रोथ तेज होगी।

(D) प्रोफेशनल लुक और ब्रांड वैल्यू

- अच्छी एडिटिंग से चैनल की पहचान मजबूत होती है और लोग चैनल को सीरियसली लेने लगते हैं।

निष्कर्ष: सही एडिटिंग सॉफ़्टवेयर और ऐप्स क्यों जरूरी हैं?

- अगर आप **सही एडिटिंग सॉफ़्टवेयर और ऐप्स का इस्तेमाल नहीं करेंगे**, तो आपकी वीडियो **अनप्रोफेशनल लगेगी और ऑडियंस जल्दी छोड़ देगी।**

- खराब एडिटिंग से चैनल की ग्रोथ धीमी हो जाएगी और यूट्यूब आपकी वीडियो को प्रमोट नहीं करेगा।

- अच्छी एडिटिंग से वीडियो ज्यादा प्रोफेशनल लगेगी, ऑडियंस ज्यादा रुकेगी और चैनल की ग्रोथ तेज होगी।

अगर आप यूट्यूब पर **लंबे समय तक सफल होना चाहते हैं**, तो सही एडिटिंग टूल्स और प्रोफेशनल एडिटिंग पर ध्यान दें।

अध्याय 17 (भाग 3)

वीडियो एडिटिंग के कुछ बेसिक फंडामेंटल जो हर वीडियो एडिटिंग सॉफ्टवेयर और ऐप्स में होते ही हैं

अब तक हमने यह जाना है कि वीडियो एडिटिंग से संबंधित सही जानकारी लेने के लिए यूट्यूब पर कैसे सर्च करें। हमने यह भी जाना है कि अगर सही सॉफ़्टवेयर और ऐप्स से एडिटिंग नहीं करेंगे, तो क्या प्रभाव पड़ेगा। अब इस भाग में हम जानेंगे कि वीडियो एडिटिंग में कुछ ऐसे बेसिक फंडामेंटल होते हैं, जो लगभग हर एडिटिंग सॉफ़्टवेयर और मोबाइल ऐप में मौजूद होते हैं – चाहे वह फ्री हो या पेड।

ये फंडामेंटल केवल टूल्स या फीचर्स नहीं होते, बल्कि एडिटिंग की एक सोच, तरीका और रणनीति होती है, जो आपके वीडियो को एक बेहतर क्वालिटी और प्रोफेशनल लुक देती है। चाहे आप मोबाइल से एडिट कर रहे हों या लैपटॉप से, ये सभी बातें आपके लिए जरूरी हैं।

1. कट (Cut) और ट्रिम (Trim)

क्या होता है:

कट और ट्रिम का उपयोग वीडियो के अनावश्यक हिस्सों को हटाने के लिए किया जाता है। जब आप वीडियो में से बोरिंग, गलत या एक्स्ट्रा क्लिप्स हटाते हैं, तो वीडियो का फ्लो स्मूद बनता है।

क्यों जरूरी है:

अगर वीडियो में फालतू रुकावटें होंगी, तो दर्शक बोर हो जाएंगे और वीडियो छोड़ सकते हैं।

2. ट्रांजिशन (Transition)

क्या होता है:

एक क्लिप से दूसरी क्लिप में स्मूद बदलाव लाने के लिए ट्रांजिशन का उपयोग किया जाता है। जैसे - फेड, स्लाइड, जंप कट आदि।

कब और कैसे उपयोग करें:

ट्रांजिशन को जरूरत से ज्यादा न डालें। जहां क्लिप्स बदल रही हों, वहां स्मूदनेस लाने के लिए हल्के ट्रांजिशन सही रहते हैं।

3. टेक्स्ट और टाइटल्स

क्या होता है:

वीडियो में किसी पॉइंट को हाईलाइट करने या कुछ समझाने के लिए टेक्स्ट (Text) और टाइटल्स (Titles) का उपयोग किया जाता है।

कैसे उपयोग करें:

जरूरी पॉइंट्स, नाम, या इंपोर्टेंट मैसेज को दिखाने के लिए। टेक्स्ट को सिंपल और क्लियर रखें ताकि पढ़ने में दिक्कत न हो।

4. ऑडियो कंट्रोल और बैलेंसिंग

क्या होता है:

वीडियो की आवाज को एडजस्ट करना - जैसे बैकग्राउंड म्यूजिक की आवाज कम करना, स्पीच को क्लियर बनाना आदि।

क्यों जरूरी है:

अगर म्यूजिक या साउंड बहुत तेज या बहुत धीमा होगा, तो दर्शक को सुनने में दिक्कत होगी। इसलिए आवाज को बैलेंस रखना जरूरी है।

5. B-Roll का इस्तेमाल

क्या होता है:

B-Roll का मतलब होता है - मेन वीडियो (A-Roll) के साथ दिखाए जाने वाले पूरक विजुअल्स। जैसे आप किसी जगह की बात कर रहे हैं, तो उस जगह की फुटेज साथ में दिखाना।

क्यों जरूरी है:

यह वीडियो को विजुअली एंगेजिंग बनाता है। केवल कैमरे के सामने बैठकर बोलने से बेहतर है कि आप बातों से जुड़ी विजुअल्स दिखाएं।

6. बैकग्राउंड म्यूजिक और साउंड इफेक्ट्स

क्या होता है:

वीडियो में हल्का बैकग्राउंड म्यूजिक या कुछ जरूरी साउंड इफेक्ट्स डालकर उसे और दिलचस्प बनाना।

कब और कैसे इस्तेमाल करें:

जहां वीडियो में पॉज हो, या थ्रिल, सस्पेंस या इमोशन जोड़ना हो। ध्यान रहे - साउंड इफेक्ट्स बहुत तेज या बेवजह न हों।

7. कलर करेक्शन और कलर ग्रेडिंग

क्या होता है:

वीडियो की रंगत (कलर) और ब्राइटनेस को बेहतर बनाना। कलर करेक्शन से वीडियो क्लियर और आकर्षक लगता है।

क्यों जरूरी है:

डार्क या बहुत ब्राइट वीडियो देखने में अच्छा नहीं लगता। कलर एडजस्टमेंट से वीडियो की विजुअल क्वालिटी प्रोफेशनल दिखती है।

8. जूम इन और आउट (Zoom In/Out)

क्या होता है:

वीडियो के किसी खास हिस्से को जोर देने के लिए कैमरा को डिजिटल रूप से जूम करना।

कैसे और कब करें:

जब आप किसी बात को खास तौर पर दिखाना या समझाना चाहें। मगर बहुत बार जूम करने से दर्शक परेशान हो सकते हैं।

9. बैकग्राउंड हटाना या बदलना (ग्रीन स्क्रीन का उपयोग)

क्या होता है:

ग्रीन स्क्रीन का उपयोग करके बैकग्राउंड को हटाकर उसमें कोई और विजुअल डालना।

कब उपयोग करें:

जब आप कोई प्रेजेंटेशन, न्यूज, या क्रिएटिव वीडियो बना रहे हों। मोबाइल और पीसी दोनों में यह फीचर उपलब्ध होता है।

10. Export Setting और Format

क्या होता है:

एडिटिंग के बाद वीडियो को सही क्वालिटी और फॉर्मेट में सेव करना - जैसे 1080p, 4K, MP4 आदि।

क्यों जरूरी है:

अगर आप गलत फॉर्मेट या लो क्वालिटी में वीडियो सेव करते हैं, तो वह यूट्यूब पर अच्छी नहीं दिखेगी और व्यूअर्स की रूचि कम होगी।

व्यूअर्स के नजरिए से एडिटिंग में ध्यान रखने योग्य बातें

1. वीडियो की शुरुआत दमदार होनी चाहिए - पहला 10 सेकंड इंटरेस्टिंग रखें।

2. जरूरत से ज्यादा लंबा इंट्रो या बेकार की बातें न जोड़ें।

3. म्यूजिक और वॉयस का बैलेंस सही रखें।

4. वीडियो के मुख्य पॉइंट्स को हाईलाइट करें ताकि दर्शक बातों को समझ पाए।

5. अगर जानकारी टेक्निकल है, तो विजुअल्स और टेक्स्ट से समझाने की कोशिश करें।

स्किल्स जो सॉफ्टवेयर से नहीं, अनुभव से आती हैं:

- कौन सा शॉट कहां लगाना है।

- किस पॉइंट पर साउंड इफेक्ट जोड़ना है।

- कहां ब्रेक देना है और कहां नहीं।

- वीडियो का टोन और फ्लो कैसा रखना है।

- ऑडियंस की साइकोलॉजी को समझकर एडिटिंग करना।

निष्कर्ष

हर वीडियो एडिटिंग सॉफ्टवेयर और ऐप में कुछ बेसिक फंडामेंटल फीचर्स होते ही हैं - चाहे आप मोबाइल से एडिट कर रहे हों या कंप्यूटर से। फर्क केवल इंटरफेस और एडवांस फीचर्स का होता है, लेकिन कट, ट्रिम, टेक्स्ट, ट्रांजिशन, म्यूजिक, ऑडियो बैलेंसिंग जैसी चीजें हर जगह होती हैं।

अगर आप इन फंडामेंटल को अच्छे से सीख लेते हैं, तो आप किसी भी सॉफ्टवेयर या ऐप को इस्तेमाल करके प्रोफेशनल वीडियो बना सकते हैं। बस जरूरत है - प्रैक्टिस, समझदारी और थोड़ा-सा धैर्य।

अध्याय 18

एक अच्छा, हाई क्वालिटी और अट्रैक्टिव थंबनेल कैसे बनाएं?

अगर कोई पहली चीज़ है जो किसी को यूट्यूब पर आपकी वीडियो पर क्लिक करने के लिए मजबूर करती है, तो वो है **थंबनेल (Thumbnail)**। थंबनेल का काम होता है - लोगों की नजरें पकड़ना, उन्हें उत्सुक करना और क्लिक करने के लिए प्रेरित करना। एक अच्छा थंबनेल न सिर्फ आपकी वीडियो पर क्लिक बढ़ाता है, बल्कि चैनल की **ब्रांड वैल्यू**, CTR (Click-Through Rate) और **ओवरऑल ग्रोथ** में भी बड़ा योगदान देता है।

इस अध्याय में हम गहराई से समझेंगे कि एक **हाई-क्वालिटी और अट्रैक्टिव थंबनेल** कैसे बनाते हैं, किन बातों का ध्यान रखते हैं, कौन से टूल्स काम आते हैं और किन तकनीकों से आप एक दमदार थंबनेल बना सकते हैं – वो भी बिना खर्च किए।

1. थंबनेल डिजाइनिंग के फंडामेंटल क्या होते हैं?

कई लोग सोचते हैं कि थंबनेल बस एक सुंदर-सा फोटो होता है। लेकिन अगर आप सच में वीडियो की परफॉर्मेंस बढ़ाना चाहते हैं, तो आपको **थंबनेल डिजाइनिंग के कुछ जरूरी फंडामेंटल्स** जानने ही होंगे:

- **क्लियर सब्जेक्ट (Main Focus):** थंबनेल में मुख्य विषय (आपका चेहरा, ऑब्जेक्ट या टेक्स्ट) साफ-साफ दिखना चाहिए।

- **एक्सप्रेशन का असर:** चेहरा हो तो उस पर एक्सप्रेशन हो - चौंकना, मुस्कुराना, डरना - जो इमोशन दिखाए वो दर्शकों को आकर्षित करे।

- **कम और स्ट्रॉन्ग टेक्स्ट:** थंबनेल पर ज्यादा शब्द नहीं लिखें। 3 से 5 शब्दों का जोरदार मैसेज काफी होता है।

- **ब्राइट कलर कॉन्ट्रास्ट:** बैकग्राउंड और टेक्स्ट का रंग अलग हो, ताकि पढ़ने में आसानी हो और थंबनेल भीड़ में उभरे।

- **बिलकुल सिंपल लेकिन स्ट्राइकिंग डिजाइन:** ऐसा जो आंखों को जल्दी दिखे और दिमाग में रुक जाए।

- **ब्रांडिंग का ध्यान:** आपका स्टाइल, आपके रंग, आपके फॉन्ट एक जैसे होने चाहिए, ताकि हर बार ऑडियंस समझ जाए कि ये आपकी वीडियो है।

2. थंबनेल डिजाइन करने के लिए ज़रूरी स्किल्स

- **बेसिक ग्राफिक डिजाइनिंग समझना:** लेयर क्या होता है, बैकग्राउंड कैसे बदला जाता है, टेक्स्ट कैसे ऐड किया जाता है।

- **कलर थ्योरी की थोड़ी समझ:** कौन से रंग किस इमोशन को दर्शाते हैं, कौन से रंग अच्छे दिखते हैं साथ में।

- **फॉन्ट का चुनाव:** Bold, Clear और Simple फॉन्ट्स का उपयोग करें - Fancy फॉन्ट से बचें।

- **छवि क्रॉपिंग और बैकग्राउंड रिमूवल की जानकारी।**

- **छोटे स्क्रीन (मोबाइल) के लिए डिजाइनिंग करना।**

3. कुछ जरूरी टिप्स और ट्रिक्स

- **चेहरा ज़ूम करें:** अगर आप खुद दिख रहे हैं, तो चेहरे को थंबनेल में बड़ा और साफ दिखाएं।

- **आंखों का कॉन्टैक्ट:** कैमरे की तरफ देखकर फोटो लें - इससे ऑडियंस कनेक्ट करती है।

- **हाई रिजोल्यूशन इमेज का इस्तेमाल करें**: धुंधला थंबनेल कभी अट्रैक्टिव नहीं होता।

- **टेक्स्ट और इमेज में संतुलन बनाए रखें।**

- **क्लिकबैट से बचें**: थंबनेल में जो दिखा रहे हैं, वही वीडियो में दें, वरना ट्रस्ट टूट जाएगा।

4. बिना पैसे खर्च किए एक अच्छा थंबनेल कैसे बनाएं?

अगर आपके पास कोई बजट नहीं है, तो भी आप शानदार थंबनेल बना सकते हैं। बस आपको सही टूल्स और सही तरीके पता होने चाहिए।

फ्री टूल्स और ऐप्स (शुरुआती के लिए):

Mobile Apps (Android/iOS):

- Canva

- Pixellab

- Adobe Express

- Snapseed

- Photoroom

Laptop/Desktop Tools:

- Canva (Free version)

- Photopea (ब्राउज़र पर चलता है - Photoshop जैसा इंटरफेस)

- GIMP (फ्री ओपन-सोर्स सॉफ्टवेयर)

- Fotor

इन सभी टूल्स का इंटरफेस आसान होता है और यूट्यूब थंबनेल के लिए तैयार टेम्प्लेट्स भी इनमें मिलते हैं।

5. थोड़ा बहुत बजट है? तो इन पर करें इन्वेस्ट

अगर आपके पास थोड़ा सा बजट है, तो आप इन चीज़ों पर खर्च कर सकते हैं:

- Canva Pro (Extra Fonts, Stock Images और Magic Resize जैसे फीचर्स के लिए)

- Remove.bg का Pro Version (Background Remover के लिए)

- Adobe Lightroom Mobile (फोटो को अट्रैक्टिव बनाने के लिए)

- Basic Drawing Tablet (अगर आप कस्टम थंबनेल बनाना चाहते हैं)

6. थोड़ी और हाई लेवल की इन्वेस्टमेंट (बढ़िया ग्राफिक्स के लिए)

अगर आपके पास और बजट है और आप प्रोफेशनली थंबनेल बनाना चाहते हैं:

- Adobe Photoshop

- Adobe Illustrator

- Affinity Photo

- Procreate (iPad यूज़र्स के लिए)

- Premium Stock Images या Icons सब्सक्रिप्शन

7. प्लेटफॉर्म-वाइज बेस्ट टूल्स (Free + Paid)

Android:

- Free: Pixellab, Canva, Snapseed

- Paid: Adobe Express Premium, Lightroom, Kinemaster Assets

iOS:

- Free: Canva, Photoroom, Snapseed

- Paid: Procreate, Adobe Express Premium

Desktop (Windows/macOS):

- Free: Canva, Photopea, GIMP
- Paid: Adobe Photoshop, Affinity Photo, Pixelmator Pro

8. अपने चैनल की ब्रांडिंग के अनुसार थंबनेल कैसे बनाएं?

- एक खास **फॉन्ट** हमेशा इस्तेमाल करें।
- एक खास **कलर पैलेट** फिक्स करें।
- अपने **लोगो या फेस** का इस्तेमाल करें।
- एक **स्टाइल या फ्रेम** बनाए रखें जो हर थंबनेल में हो।
- हर थंबनेल ऐसा हो कि देखने वाले को लगे - "यह उसी चैनल की वीडियो है।"

निष्कर्ष: एक अट्रैक्टिव और हाई-क्वालिटी थंबनेल बनाना क्यों जरूरी है?

- एक दमदार थंबनेल आपकी वीडियो का **पहला इंप्रेशन** होता है।
- यही तय करता है कि ऑडियंस क्लिक करेगी या नहीं।
- इससे आपकी CTR बढ़ती है, जो यूट्यूब एल्गोरिदम में अहम होता है।
- ब्रांडिंग और पहचान बनाने में थंबनेल का सबसे बड़ा योगदान होता है।

अगर आप चाहें तो बिना कोई पैसा खर्च किए भी शानदार थंबनेल बना सकते हैं। बस जरूरत है - सही जानकारी, थोड़ी क्रिएटिविटी और एक क्लियर सोच की।

अध्याय 18 (भाग 2)

अगर थंबनेल डिजाइनिंग में लापरवाही करेंगे, तो चैनल पर क्या असर पड़ेगा?

थंबनेल सिर्फ एक फोटो नहीं होता – ये आपके वीडियो का चेहरा होता है। जब कोई दर्शक यूट्यूब पर स्क्रॉल करता है, तो सबसे पहले वही चीज दिखती है। अगर यही चीज़ साधारण, बेअसर या भ्रामक हो, तो चाहे वीडियो अंदर से कितना भी अच्छा क्यों न हो, लोग उस पर क्लिक नहीं करेंगे। इसी वजह से थंबनेल की डिजाइनिंग को हल्के में लेना एक बड़ी भूल हो सकती है।

इस अध्याय में हम विस्तार से समझेंगे कि अगर आप थंबनेल डिजाइनिंग में लापरवाही करते हैं, या फिर सही सॉफ्टवेयर, ऐप्स और तकनीकों का इस्तेमाल नहीं करते, तो इसका आपके चैनल की ग्रोथ, व्यूज और ऑडियंस इंगेजमेंट पर क्या असर पड़ सकता है।

1. क्लिक ना मिलने का खतरा

अगर आपका थंबनेल अट्रैक्टिव नहीं है, साफ नहीं दिखता, या उसमें कोई दिलचस्पी पैदा करने वाला विजुअल नहीं है, तो लोग क्लिक ही नहीं करेंगे। ऐसे में वीडियो की CTR (Click Through Rate) बहुत कम हो जाएगी और यूट्यूब का एल्गोरिदम उस वीडियो को प्रमोट करना बंद कर देगा।

2. वीडियो की क्वालिटी नजरअंदाज हो सकती है

आपने चाहे कितनी भी मेहनत से वीडियो बनाया हो, अगर थंबनेल ठीक नहीं है तो दर्शक उस तक पहुंच ही नहीं पाएंगे। इससे आपके कंटेंट की वैल्यू सामने नहीं आ पाएगी।

3. चैनल की ब्रांड इमेज पर असर

थंबनेल आपके चैनल की ब्रांडिंग का भी हिस्सा होता है। अगर हर वीडियो में थंबनेल का स्टाइल, रंग, फॉन्ट, और क्वालिटी अलग-अलग या असंगत होंगे, तो आपकी प्रोफेशनल पहचान नहीं बन पाएगी। इससे लोग आपके चैनल को याद नहीं रख पाएंगे।

4. लो-क्वालिटी टूल्स और डिजाइनिंग का नुकसान

अगर आप सही ऐप्स और सॉफ्टवेयर का इस्तेमाल नहीं करते या कोई बहुत ही बेसिक टूल से जल्दी में थंबनेल बना देते हैं, तो वो धुंधला, गलत साइज का, या टेक्स्ट से भरा हुआ हो सकता है – जिससे दर्शक भ्रमित हो सकते हैं या इग्नोर कर सकते हैं।

5. मोबाइल व्यू में थंबनेल का असर

यूट्यूब के ज़्यादातर व्यूज़ आज मोबाइल से आते हैं। ऐसे में अगर आपका थंबनेल मोबाइल पर पढ़ने या समझने में मुश्किल देता है, तो वह व्यूअर्स को आकर्षित नहीं कर पाएगा। यह गलती भी केवल गलत डिजाइनिंग या सॉफ्टवेयर की लापरवाही से होती है।

निष्कर्ष

अगर आप थंबनेल पर ठीक से ध्यान नहीं देते, गलत टूल्स या खराब डिजाइनिंग करते हैं, तो...

- आपकी वीडियो की Reach कम होगी

- वीडियो पर Click-through rate घटेगा

- आपकी अच्छी वीडियो भी व्यूअर तक नहीं पहुंचेगी

- चैनल की ग्रोथ रुक सकती है

- ब्रांड इमेज कमजोर हो सकती है

इसलिए जरूरी है कि आप थंबनेल को गंभीरता से लें और उसे उसी तरह महत्व दें जैसे वीडियो की स्क्रिप्ट, शूटिंग और एडिटिंग को देते हैं। थंबनेल पर मेहनत करना, सही टूल्स चुनना और डिजाइनिंग की बेसिक समझ रखना हर यूट्यूबर के लिए जरूरी है – खासकर अगर आप 2025 में YouTube पर आगे बढ़ना चाहते हैं।

बिलकुल, मैं अध्याय 18 का भाग 3 अभी लिखता हूँ, इसी टाइटल के साथ:

थंबनेल डिजाइनिंग के दौरान की जाने वाली सामान्य गलतियाँ और उनसे कैसे बचें?

थंबनेल किसी भी यूट्यूब वीडियो का सबसे अहम हिस्सा होता है, लेकिन ज़्यादातर नए यूट्यूबर्स या कभी-कभी प्रोफेशनल्स भी थंबनेल बनाते समय कुछ ऐसी आम गलतियाँ कर बैठते हैं, जो वीडियो की क्लिक रेट (CTR) और ओवरऑल ग्रोथ को सीधे तौर पर प्रभावित करती हैं। इस अध्याय में हम उन्हीं गलतियों और उनके सही समाधान को विस्तार से समझेंगे।

1. थंबनेल में बहुत ज्यादा टेक्स्ट डालना

जब आप थंबनेल में बहुत सारी लाइनों में टेक्स्ट डाल देते हैं, तो वह न तो मोबाइल पर ठीक से पढ़ा जा सकता है और न ही ध्यान आकर्षित करता है। यूट्यूब का ज़्यादातर ट्रैफिक मोबाइल से आता है, इसलिए छोटे स्क्रीन को ध्यान में रखते हुए सिर्फ 3 से 5 शब्दों तक सीमित टेक्स्ट डालना चाहिए।

बचने का तरीका:

- सिर्फ कीवर्ड या भाव देने वाले शब्द लिखें
- टेक्स्ट को बोल्ड और हाई-कॉन्ट्रास्ट कलर में रखें
- आसान और कम शब्दों में अपनी बात कहें

2. कमज़ोर इमेज क्वालिटी का इस्तेमाल करना

थंबनेल अगर ब्लर, पिक्सेलेटेड या लो-क्वालिटी का होगा, तो वह प्रोफेशनल नहीं लगेगा और लोग क्लिक करने से बचेंगे।

बचने का तरीका:

- हमेशा हाई-रेज़ोलूशन (1280x720) की इमेज का इस्तेमाल करें
- इमेज को सही तरीके से क्रॉप और एडजस्ट करें
- ज़रूरत हो तो फोटो को AI टूल्स से शार्प करें

3. थंबनेल का विषय से मेल न खाना

अगर थंबनेल किसी और बात को दिखा रहा है और वीडियो का कंटेंट कुछ और है, तो दर्शकों का भरोसा टूट सकता है। इससे वीडियो पर नेगेटिव रिएक्शन आने की संभावना रहती है।

बचने का तरीका:

- थंबनेल वही दिखाए जो वीडियो में बताया गया है
- लोगों को मिसलीड (भटकाना) बिल्कुल भी न करें
- क्लिकबेट से बचें

4. फॉंट का गलत चुनाव या बहुत सारे फॉंट्स का प्रयोग

अलग-अलग स्टाइल के बहुत सारे फॉंट्स एक थंबनेल में डालना उसे बेमेल और परेशान करने वाला बना देता है।

बचने का तरीका:

- एक ही या दो फॉंट का इस्तेमाल करें
- हमेशा क्लीन, पढ़ने में आसान और मोटे अक्षरों वाले फॉंट चुनें
- ध्यान रखें कि टेक्स्ट का कलर बैकग्राउंड से टकराए नहीं, बल्कि उभरे

5. चेहरे के एक्सप्रेशन का उपयोग न करना

दर्शक इंसानी चेहरे और उनकी भावनाओं से ज़्यादा कनेक्ट करते हैं। थंबनेल में कोई भी फेसलेस या एक्सप्रेशन-लेस इमेज बोरिंग लग सकती है।

बचने का तरीका:

- अपने चेहरे के हाव-भाव (Expression) को थंबनेल में शामिल करें
- ज़रूरत हो तो कैमरे की तरफ देखकर क्लिक किया गया फोटो इस्तेमाल करें
- एक्सप्रेशन वही रखें जो वीडियो के कंटेंट से मेल खाता हो

6. ब्रांडिंग का अभाव

अगर आप हर बार थंबनेल का रंग, फॉंट, स्टाइल या स्टिकर्स बदल देते हैं, तो ऑडियंस आपको पहचान नहीं पाएगी।

बचने का तरीका:

- थंबनेल के लिए एक ब्रांड टेम्पलेट बनाएं
- फिक्स कलर स्कीम और फॉंट्स का इस्तेमाल करें
- अपने चैनल की स्टाइल को बनाए रखें

7. थंबनेल को बिना टेस्ट किए अपलोड कर देना

कई बार थंबनेल अपलोड करने के बाद समझ आता है कि वह काम नहीं कर रहा या क्लिक नहीं मिल रहे।

बचने का तरीका:

- A/B टेस्टिंग करें (यानी दो थंबनेल को अलग-अलग समय पर टेस्ट करें)
- यूट्यूब एनालिटिक्स में CTR देखें और परफॉर्मेंस चेक करें
- ज़रूरत पड़ने पर थंबनेल अपडेट करें

निष्कर्ष

एक अच्छा थंबनेल बनाना केवल डिजाइन की बात नहीं है, यह आपकी सोच, आपके कंटेंट की समझ और दर्शकों की मानसिकता को समझने की बात है।

अगर आप उपर बताई गई गलतियों से बचेंगे, तो न सिर्फ आपका थंबनेल बेहतर होगा, बल्कि आपकी वीडियो की परफॉर्मेंस भी कई गुना बढ़ेगी। याद रखिए, एक शानदार वीडियो भी तब तक नहीं चलेगी जब तक उसका थंबनेल लोगों को क्लिक करने के लिए मजबूर न कर दे।

अध्याय 19

वीडियो अपलोड करने के लिए सही प्लेटफॉर्म कैसे चुनें? - YouTube, Instagram या Facebook?

अब तक आपने वीडियो की स्क्रिप्टिंग से लेकर एडिटिंग तक सब कुछ कर लिया। वीडियो पूरी तरह तैयार है, और अब उसे अपलोड करने का समय आ गया है। लेकिन यहीं पर एक बड़ा सवाल खड़ा हो जाता है - **किस प्लेटफॉर्म पर वीडियो अपलोड करें?**

शुरुआत में यह सवाल थोड़ा आसान लगता है - "सीधा यूट्यूब पर डाल दो!" लेकिन जैसे ही आपके पास शॉर्ट और लॉन्ग दोनों फॉर्मेट के वीडियो होते हैं, तो आप सोचने लगते हैं -

"क्या ये शॉर्ट वीडियो YouTube Shorts पर डालूं या Instagram Reels पर?"

"क्या Facebook भी सही रहेगा?"

"क्या TikTok अभी भी विकल्प है?"

"क्या सब जगह एक ही कंटेंट डालना सही रहेगा?"

और सबसे बड़ा सवाल - **"कौन सा प्लेटफॉर्म मुझे ज़्यादा पैसा, ज़्यादा ग्रोथ और ज़्यादा ब्रांड वैल्यू देगा?"**

इस अध्याय में हम इन्हीं सवालों के जवाब विस्तार से जानेंगे।

पहले यह समझिए: हर प्लेटफॉर्म का एक अलग उद्देश्य और ऑडियंस होती है

हर सोशल मीडिया प्लेटफॉर्म का एक अलग मकसद होता है और उस पर मौजूद लोग भी अलग तरह के कंटेंट पसंद करते हैं। इसलिए जरूरी है कि आप यह समझें कि कौन सा प्लेटफॉर्म किस तरह के वीडियो के लिए बेस्ट है।

YouTube (लॉन्च वर्ष: 2005)

बिज़नेस मॉडल:

YouTube Google का प्रोडक्ट है और इसका बिज़नेस मॉडल AdSense, ब्रांड डील्स, स्पॉन्सरशिप, पेड कोर्स और एफिलिएट मार्केटिंग पर आधारित है।

कंटेंट के लिए बेस्ट:

- **लॉन्ग फॉर्म वीडियो** (जैसे ट्यूटोरियल, रिव्यू, एजुकेशन, व्लॉग्स)
- **शॉर्ट वीडियो (YouTube Shorts)** भी अब ट्रेंड में हैं, और इनसे व्यूज़ जल्दी मिल सकते हैं।

पोटेंशियल:

बहुत ज्यादा (High)।

YouTube पर एक बार ऑडियंस बन जाए तो आपकी कमाई स्थिर और लगातार हो सकती है। ब्रांड वैल्यू और सब्सक्राइबर्स पर आधारित यह एक मजबूत प्लेटफॉर्म है।

Instagram (लॉन्च वर्ष: 2010)

बिज़नेस मॉडल:

Instagram पर मुख्य रूप से स्पॉन्सरशिप, ब्रांड डील्स और एफिलिएट लिंक से पैसा कमाया जाता है।

कंटेंट के लिए बेस्ट:

- **शॉर्ट वीडियो (Reels)**
- ट्रेंडिंग वीडियो, फैशन, लाइफस्टाइल, ट्रैवल, फनी और रिलेटेबल कंटेंट।

पोटेंशियल:

मीडियम से हाई।

Instagram पर बहुत तेजी से फॉलोअर्स बढ़ सकते हैं, लेकिन यहां लॉन्ग फॉर्म कंटेंट का स्कोप बहुत कम है। यहां ब्रांड डील्स के ज़रिए कमाई होती है, लेकिन YouTube की तरह स्थायी इनकम नहीं होती।

Facebook (लॉन्च वर्ष: 2004)

बिज़नेस मॉडल:

Facebook पर इन-स्ट्रीम एड्स, पेज ब्रांडिंग और एफिलिएट्स से पैसे कमाए जा सकते हैं।

कंटेंट के लिए बेस्ट:

- वाइरल शॉर्ट वीडियो
- मोटिवेशनल और इमोशनल स्टोरीज़
- फनी क्लिप्स, न्यूज़ टाइप कंटेंट

पोटेंशियल:

मीडियम।

Facebook पर ग्रोथ मिल सकती है लेकिन यहां भी कमाई YouTube जितनी स्थिर और ऑर्गेनिक नहीं होती। साथ ही Facebook की ऑडियंस तेजी से बदलती है।

TikTok (लॉन्च वर्ष: 2016)

बिज़नेस मॉडल:

Creator Fund, ब्रांड डील्स, स्पॉन्सरशिप्स।

कंटेंट के लिए बेस्ट:

- ट्रेंडिंग शॉर्ट वीडियो

- डांस, एक्टिंग, कॉमेडी, एंटरटेनमेंट

पोटेंशियल:

High (लेकिन भारत में बैन है)।

TikTok की ऑडियंस इंटरनेशनल है और वहां वाइरलिटी बहुत तेज होती है। लेकिन भारत में इसकी अनुपलब्धता के कारण यह फिलहाल एक विकल्प नहीं है।

तो शॉर्ट वीडियो के लिए कौन सा प्लेटफॉर्म बेस्ट है?

अगर आप जल्दी ग्रो करना चाहते हैं और आपके पास शॉर्ट फॉर्म कंटेंट है तो:

- **YouTube Shorts** - ग्रोथ के साथ पैसा भी मिलता है।

- **Instagram Reels** - जल्दी वायरल होने का चांस ज्यादा है।

- **Facebook Reels** - मिक्स ऑडियंस और तेजी से ग्रोथ।

शॉर्ट वीडियो के लिए सबसे बेस्ट ऑप्शन **YouTube Shorts** है क्योंकि यहां ऑडियंस भी है, पैसा भी है और स्थिरता भी।

लॉन्ग फॉर्म वीडियो के लिए कौन सा प्लेटफॉर्म सबसे बेस्ट है?

YouTube लॉन्ग वीडियो के लिए आज भी नंबर वन है।

यहां आपको:

- AdSense से कमाई

- ब्रांड डील्स

- पेड कोर्सेस और एफिलिएट इनकम

- जैसे सभी मौके मिलते हैं।

शुरुआत में क्या करना चाहिए?

अगर आप अभी शुरुआत कर रहे हैं, तो:

- अपना मुख्य फोकस YouTube पर रखें।
- शॉर्ट वीडियो को Instagram और Facebook पर भी डालें।
- कंटेंट को री-पर्पज़ (Reuse) करें - एक ही वीडियो को हर प्लेटफॉर्म के फॉर्मेट में थोड़ा बदलकर अपलोड करें।

हर प्लेटफॉर्म की हिस्ट्री और बिज़नेस मॉडल का सारांश

YouTube (2005) - AdSense, ब्रांड डील्स, पेड कोर्स | **High Potential**

Instagram (2010) - स्पॉन्सरशिप, एफिलिएट | **Medium to High**

Facebook (2004) - पेज एड्स, ब्रांडिंग | **Medium**

TikTok (2016) - Creator Fund, ब्रांड डील्स | **High Potential (लेकिन भारत में बैन)**

निष्कर्ष

- **लॉन्ग टर्म सक्सेस** और ब्रांड बिल्डिंग के लिए YouTube सबसे बेस्ट है।
- **शॉर्ट टर्म ग्रोथ** और फॉलोअर्स के लिए Instagram और Facebook मददगार हो सकते हैं।
- सभी प्लेटफॉर्म पर मौजूद रहिए, लेकिन **मुख्य प्लेटफॉर्म** YouTube को बनाइए।
- कंटेंट अपलोड करने से पहले सोचिए कि वह **किस टाइप की ऑडियंस के लिए है**, फिर उसी के अनुसार प्लेटफॉर्म चुनिए।

अगर आप सही प्लेटफॉर्म पर सही समय पर कंटेंट अपलोड करेंगे, तो न केवल आप तेजी से ग्रो करेंगे बल्कि एक मजबूत और स्थायी डिजिटल ब्रांड भी बना पाएंगे।

अध्याय 19 (भाग 2)

अगर वीडियो अपलोड करने के लिए गलत प्लेटफॉर्म चुना, तो क्या हो सकते हैं नुकसान?

जब आप बड़ी मेहनत से वीडियो एडिट करके रेडी करते हैं, तो उसका असर तभी दिखेगा जब उसे सही प्लेटफॉर्म पर अपलोड किया जाए। अगर वीडियो को गलत प्लेटफॉर्म पर अपलोड कर दिया गया, तो उसकी न तो सही ऑडियंस तक पहुंच बनेगी, न ही अच्छा रिस्पॉन्स मिलेगा, और न ही उससे कमाई हो पाएगी। इस भाग में हम समझेंगे कि अगर आप गलत प्लेटफॉर्म चुनते हैं तो उसका आपकी ग्रोथ, व्यूज़, सब्सक्राइबर और ब्रांड पर क्या असर पड़ सकता है।

1. गलत प्लेटफॉर्म पर वीडियो डालने से व्यूअर बेस नहीं बन पाता

हर प्लेटफॉर्म की अपनी एक ऑडियंस होती है। अगर आपने इंस्टाग्राम के लिए बनाया गया वीडियो यूट्यूब पर डाल दिया, तो वहां के दर्शकों को वो वीडियो बोरिंग या छोटा लग सकता है। वहीं यूट्यूब का लॉन्ग फॉर्म कंटेंट इंस्टाग्राम रील्स में डालने पर ऑडियंस उसे स्किप कर सकती है।

2. एल्गोरिदम सपोर्ट नहीं करता

हर प्लेटफॉर्म का एल्गोरिदम उसी टाइप के कंटेंट को प्रमोट करता है, जो वहां की ऑडियंस को पसंद आता है। अगर आप वहां के एल्गोरिदम को समझे बिना गलत टाइप का वीडियो अपलोड करते हैं, तो वह प्रमोट ही नहीं होगा। इसका सीधा असर आपके व्यूज़ और ग्रोथ पर पड़ेगा।

3. ब्रांडिंग पर पड़ता है बुरा असर

अगर आप हर जगह हर टाइप का वीडियो पोस्ट करते हैं, तो आपकी ब्रांड की एक स्पष्ट पहचान नहीं बन पाती। इससे दर्शकों को ये समझ नहीं आता कि आप किस तरह के कंटेंट क्रिएटर हैं। इससे लोग कन्फ्यूज रहते हैं और लंबे समय तक जुड़ नहीं पाते।

4. कमाई के अवसर छूट सकते हैं

हर प्लेटफॉर्म की कमाई का तरीका अलग होता है। अगर आपने ऐसा प्लेटफॉर्म चुना जहाँ कमाई का स्कोप कम है, तो आप अच्छे व्यूज़ के बावजूद ज्यादा कमाई नहीं कर पाएंगे। उदाहरण के लिए, यूट्यूब पर एडसेंस की कमाई संभव है, जबकि इंस्टाग्राम में ब्रांड डील्स या एफिलिएट ज़्यादा चलते हैं। गलत जगह कंटेंट डालने से ये मौक़े छूट सकते हैं।

5. समय और मेहनत बर्बाद हो सकती है

अगर आप बार-बार वीडियो को ऐसे प्लेटफॉर्म पर डाल रहे हैं जहाँ से कोई रिज़ल्ट नहीं आ रहा, तो आपकी मेहनत और समय दोनों ही बर्बाद हो सकती है। इसके कारण मोटिवेशन भी कम हो जाता है और आप अपनी स्ट्रैटेजी को लेकर उलझन में आ सकते हैं।

6. अगर कंटेंट को गलत प्लेटफॉर्म पर डाला जाए, तो वो उन लोगों तक नहीं पहुँचता जो उसे देखना चाहते हैं। ऐसे में न व्यूज़ मिलते हैं और न ही ऑडियंस आपसे जुड़ती है।

अगर आपकी ऑडियंस को पसंद आने वाला कंटेंट आप गलत प्लेटफॉर्म पर डाल रहे हैं, तो वो दर्शक उसे देख ही नहीं पाएंगे। जैसे–इंफॉर्मेटिव या एजुकेशनल वीडियो यूट्यूब पर ज्यादा चलते हैं, जबकि इंस्टाग्राम पर शॉर्ट, एंटरटेनिंग वीडियो जल्दी वायरल होते हैं।

निष्कर्ष

अगर आपने वीडियो तैयार करने के बाद उसे सही प्लेटफॉर्म पर नहीं डाला, तो आपकी सारी मेहनत बेकार जा सकती है। ना सिर्फ व्यूज़ और सब्सक्राइबर्स कम होंगे, बल्कि ब्रांड, कमाई और भविष्य की संभावनाएं भी प्रभावित हो सकती हैं। इसलिए हमेशा ये सोच-समझकर तय करें कि आपके कंटेंट के लिए कौन सा प्लेटफॉर्म सबसे सही है। सही प्लेटफॉर्म पर सही कंटेंट डालना ही एक प्रोफेशनल क्रिएटर की सबसे मजबूत पहचान होती है।

अध्याय 20

क्या सही समय पर वीडियो अपलोड करने से सोशल मीडिया पर ग्रोथ मिलती है? - सच क्या है और झूठ क्या है?

जब आप एक कंटेंट क्रिएटर होते हैं, तो आपके दिमाग में ये सवाल अक्सर आता है कि—क्या मुझे वीडियो एक तय समय पर ही अपलोड करना चाहिए? क्या सुबह-सुबह पोस्ट करना ज्यादा फायदेमंद होता है? क्या रात में अपलोड करने से व्यूज़ कम मिलते हैं? सोशल मीडिया पर तरह-तरह की रायें देखने को मिलती हैं, लेकिन सच्चाई क्या है?

इस अध्याय में हम जानेंगे कि "टाइमिंग" का वीडियो की ग्रोथ पर कितना असर होता है, और ये भी कि ये हर प्लेटफॉर्म और हर तरह के कंटेंट के लिए कितना मायने रखता है।

क्या समय वाकई ग्रोथ पर असर डालता है?

सच ये है कि **हाँ, समय मायने रखता है - लेकिन हर बार और हर जगह नहीं।** समय की अहमियत कई चीज़ों पर निर्भर करती है:

- आप कौन-सा प्लेटफॉर्म इस्तेमाल कर रहे हैं?
- आपका कंटेंट किस टाइप का है?
- आपकी ऑडियंस कौन है और वो कब एक्टिव रहती है?

किस प्लेटफॉर्म पर टाइमिंग का असर पड़ता है और किस पर नहीं?

YouTube

- YouTube का एल्गोरिदम समय से ज्यादा *कंटेंट की क्वालिटी, ऑडियंस रिटेंशन, और क्लिक-थ्रू रेट* को तवज्जो देता है।

- हालांकि, अगर आप अपनी ऑडियंस के *एक्टिव टाइम* पर वीडियो डालते हैं, तो शुरुआती व्यूज़ और एंगेजमेंट बेहतर मिल सकते हैं।

- लेकिन अगर कंटेंट अच्छा है तो टाइमिंग उतना बड़ा फैक्टर नहीं बनता– YouTube उसे धीरे-धीरे भी प्रमोट कर सकता है।

Instagram (Reels) और Facebook (Watch)

- इन प्लेटफॉर्म्स पर **टाइमिंग का काफी असर होता है।**

- अगर आप उस समय पोस्ट करते हैं जब आपकी ऑडियंस ज्यादा एक्टिव होती है, तो Reels और Videos ज्यादा जल्दी वायरल हो सकती हैं।

- यहाँ एल्गोरिदम पहले कुछ घंटों के रिस्पॉन्स को बहुत ज्यादा महत्व देता है।

TikTok

- TikTok भी शुरुआत में पोस्ट की गई वीडियो के शुरुआती रिस्पॉन्स के आधार पर उसे प्रमोट करता है।

- इसलिए वहाँ सही टाइमिंग पर वीडियो डालना ज़रूरी हो सकता है।

शॉर्ट वीडियो के लिए टाइमिंग ज्यादा मायने क्यों रखती है?

- शॉर्ट वीडियो बहुत जल्दी वायरल होते हैं और उनका लाइफस्पैन भी छोटा होता है।

- इसलिए Instagram Reels, TikTok और YouTube Shorts में अगर आप सही समय पर पोस्ट करें, तो आपके व्यूज़ और एंगेजमेंट का स्कोप बढ़ जाता है।

- लेकिन यहां भी कंटेंट की क्वालिटी और हुक ज़्यादा मायने रखता है।

लॉन्ग फॉर्म वीडियो में समय का क्या रोल है?

- YouTube जैसे प्लेटफॉर्म पर लॉन्ग फॉर्म वीडियो धीरे-धीरे पॉपुलर होते हैं।
- यहाँ कंटेंट की वैल्यू, दर्शक कितनी देर तक वीडियो देखता है, और टॉपिक का डिमांड–ये सब चीज़ें ज्यादा मायने रखती हैं।
- समय मायने रखता है लेकिन *मुख्य भूमिका नहीं निभाता।*

समय के बारे में आम मिथक और उनकी सच्चाई

मिथक: "वीडियो सुबह 9 बजे डालो, तभी वायरल होगी।"

सच: कोई एक फिक्स समय नहीं है जो सभी के लिए काम करे। आपको अपनी ऑडियंस के एक्टिव टाइम को समझना होगा।

मिथक: "वीकेंड पर ही वीडियो पोस्ट करना चाहिए।"

सच: ये आपके कंटेंट के टाइप और ऑडियंस पर निर्भर करता है। कुछ चैनलों के लिए वीकडेज ज्यादा फायदेमंद हो सकते हैं।

मिथक: "अगर आपने सही समय पर वीडियो नहीं डाला, तो वो कभी नहीं चलेगा।"

सच: अगर आपका कंटेंट अच्छा है तो वह देर-सबेर YouTube या अन्य प्लेटफॉर्म पर जरूर चलेगा, भले आपने उसे किसी "Perfect Time" पर न डाला हो।

तो आपको क्या करना चाहिए?

1. **अपनी ऑडियंस को समझें:** YouTube Analytics, Instagram Insights और Facebook Creator Studio जैसे टूल्स से यह जानें कि आपकी ऑडियंस कब सबसे ज्यादा एक्टिव रहती है।

2. **टेस्टिंग करें:** अलग-अलग समय पर कंटेंट डालकर देखिए, किस समय पर कैसा रिस्पॉन्स आता है।

3. **कंटेंट क्वालिटी को प्राथमिकता दें:** टाइमिंग से ज़्यादा जरूरी है कि आपका कंटेंट कितना दिलचस्प, इंफॉर्मेटिव और एंगेजिंग है।

4. **ट्रेंड और सीज़न का ध्यान रखें:** त्योहार, बड़े इवेंट्स या वीकेंड्स पर ऑडियंस की एक्टिविटी अलग हो सकती है–उसके अनुसार अपनी रणनीति तय करें।

निष्कर्ष: सच क्या है और झूठ क्या है?

- **सच:** सही समय पर वीडियो डालने से शुरुआती व्यूज़ और एंगेजमेंट बेहतर मिल सकते हैं, खासकर शॉर्ट फॉर्म वीडियो के लिए।

- **झूठ:** सिर्फ टाइमिंग से ग्रोथ मिलती है–अगर कंटेंट कमजोर है, तो कोई भी समय उसे वायरल नहीं कर सकता।

- **सच:** Instagram, TikTok और Facebook जैसे प्लेटफॉर्म पर सही समय पर पोस्ट करना जरूरी है।

- **झूठ:** YouTube पर वीडियो तभी चलेगा जब वो "Perfect Time" पर डाला जाए–यह पूरी तरह सही नहीं है।

याद रखिए, **टाइमिंग एक रणनीति है, लेकिन कंटेंट क्वालिटी एक नींव है।**

अगर आप समय और क्वालिटी दोनों का संतुलन बना लेते हैं, तो सोशल मीडिया पर आपकी ग्रोथ को कोई रोक नहीं सकता।

क्या YouTube Studio और YouTube Analytics का उपयोग करना जरूरी है? - सच क्या है, झूठ क्या है, और इसका चैनल की ग्रोथ से क्या रिश्ता है?

जब हम अपना वीडियो बनाकर उसे अच्छे से एडिट करके, थंबनेल, टाइटल और डिस्क्रिप्शन तक तैयार करके सही समय पर अपलोड कर देते हैं, तो अब अगला सबसे बड़ा सवाल होता है – क्या वीडियो चल रही है या नहीं? क्या चैनल की ग्रोथ हो रही है या नहीं? और अगर नहीं हो रही है तो कहां पर सुधार करना है?

यही वह जगह है जहाँ **YouTube Studio** और **YouTube Analytics** हमारी सबसे बड़ी मदद करते हैं।

YouTube Studio क्या है?

YouTube Studio एक ऐसा टूल है जिसे YouTube ने खुद बनाया है ताकि क्रिएटर्स अपने चैनल की परफॉर्मेंस को अच्छे से समझ सकें, ट्रैक कर सकें और जरूरत के अनुसार सुधार कर सकें। यह एक तरह का कंट्रोल रूम होता है, जहाँ से आप अपने पूरे चैनल की स्थिति का विश्लेषण कर सकते हैं।

यहां आप देख सकते हैं:

- किस वीडियो पर कितने व्यूज़ आए
- कितने सब्सक्राइबर्स बढ़े या घटे
- ऑडियंस ने वीडियो को कितना देखा

- कौन सा कंटेंट ज्यादा पसंद किया गया

- और कौन सा कंटेंट लोगों ने जल्दी छोड़ दिया

YouTube Studio के अंदर क्या-क्या होता है?

YouTube Studio में कई सेक्शन होते हैं और हर सेक्शन का अपना काम होता है। नीचे हम उन ज़रूरी सेक्शन्स के बारे में बात करेंगे जिन पर हर यूट्यूबर को ध्यान देना चाहिए:

1. डैशबोर्ड (Dashboard)

यह पहला पेज होता है जहाँ से आप चैनल की लेटेस्ट स्थिति देख सकते हैं। इसमें आपके लेटेस्ट वीडियो की परफॉर्मेंस, चैनल की अपडेट्स और यूट्यूब की जरूरी सूचनाएं होती हैं।

2. कंटेंट सेक्शन (Content)

यहाँ आपके चैनल पर जितने भी वीडियो हैं, सब की लिस्ट रहती है। आप यहां से हर वीडियो की परफॉर्मेंस, व्यूज, कमेंट्स और मोनेटाइजेशन स्टेटस देख सकते हैं।

3. एनालिटिक्स (Analytics)

यही वह सेक्शन है जहाँ से आपको अपने वीडियो की सही परफॉर्मेंस समझ में आती है। इसमें आप देख सकते हैं:

- इम्प्रेशन (Impressions): आपका थंबनेल कितने लोगों को दिखा?

- क्लिक थ्रू रेट (CTR): कितने लोगों ने देखकर क्लिक किया?

- वॉच टाइम: कितने मिनट तक देखा गया?

- एवरेज व्यू ड्यूरेशन: एक दर्शक ने औसतन कितनी देर देखा?

- रीच, एंगेजमेंट, ऑडियंस और रेवेन्यू टैब्स

4. कमेंट्स (Comments)

यहाँ से आप सभी वीडियो के कमेंट्स को एक जगह पर पढ़ सकते हैं और रिप्लाई भी कर सकते हैं।

5. मोनेटाइजेशन (Monetization)

अगर आपका चैनल मोनेटाइज हो चुका है, तो आप यहां से एड्स की कमाई, मेंबरशिप और सुपरथैंक्स जैसी जानकारी देख सकते हैं।

6. कस्टमाइजेशन (Customization)

यहाँ आप अपने चैनल का लेआउट, चैनल ट्रेलर, ब्रांडिंग और चैनल का डिफॉल्ट लुक सेट कर सकते हैं।

7. सेटिंग्स (Settings)

इसमें चैनल से जुड़ी बेसिक सेटिंग्स, अपलोड प्रेफरेंसेज, डिफॉल्ट टैग्स, और एडवांस फीचर्स होते हैं।

पब्लिक और प्राइवेट एनालिटिक्स क्या होते हैं?

पब्लिक एनालिटिक्स

जैसे व्यूज, लाइक्स, कमेंट्स, सब्सक्राइबर्स – ये सब आपके दर्शकों को भी दिखते हैं। ये आपको मोटा अंदाज़ा देते हैं कि वीडियो कैसा चल रहा है।

प्राइवेट एनालिटिक्स

ये सिर्फ आपके लिए होते हैं – जैसे CTR, वॉच टाइम, ट्रैफिक सोर्स, ऑडियंस लोकेशन, उम्र, जेंडर आदि। इन्हीं से आपको असली जानकारी मिलती है कि कौन लोग आपकी वीडियो देख रहे हैं और कहां सुधार की जरूरत है।

कब और कैसे उपयोग करना चाहिए?

शुरुआती दिनों में बहुत ज्यादा डेटा नहीं होता, इसलिए ज्यादा टेंशन लेने की जरूरत नहीं होती। लेकिन जैसे-जैसे आपके चैनल पर व्यूज और सब्सक्राइबर बढ़ते जाते हैं, आपको Analytics को रेगुलर बेस पर चेक करते रहना चाहिए।

50-100 सब्सक्राइबर के बाद

आप धीरे-धीरे यह देख सकते हैं कि कौन सा वीडियो लोगों को ज्यादा पसंद आया, और उसी तरह के वीडियो बनाना शुरू कर सकते हैं।

500-1000 सब्सक्राइबर के बीच

अब आपको ट्रैफिक सोर्स, CTR और वॉच टाइम पर ध्यान देना चाहिए। इससे आपको ये पता चलेगा कि लोग वीडियो को कहां से देख रहे हैं और कहां पर उन्हें छोड़ रहे हैं।

1000+ सब्सक्राइबर और मोनेटाइजेशन के बाद

अब Analytics को फॉलो करना बेहद जरूरी हो जाता है, क्योंकि अब आपका चैनल बिज़नेस मोड में आ चुका होता है।

क्या हर किसी को YouTube Studio का उपयोग करना चाहिए?

नहीं। अगर आप सिर्फ फन के लिए वीडियो बना रहे हैं और ग्रोथ या कमाई आपकी प्राथमिकता नहीं है, तो YouTube Studio की जरूरत बहुत ज्यादा नहीं है।

लेकिन अगर आप यूट्यूब को एक प्रोफेशनल प्लेटफॉर्म की तरह इस्तेमाल कर रहे हैं, तो YouTube Studio और Analytics आपके सबसे बड़े गाइड हैं।

बिना Studio देखे भी चैनल ग्रो हो सकता है?

हां, कुछ लोग बिना एनालिटिक्स देखे भी ग्रो कर जाते हैं – लेकिन वो लोग बहुत अच्छा कंटेंट बनाते हैं, और लगातार मेहनत करते हैं। उनका ध्यान सिर्फ एक चीज़ पर होता है – "Content is King"। वे क्वालिटी पर समझौता नहीं करते और ऑडियंस से गहराई से जुड़े रहते हैं।

निष्कर्ष

- YouTube Studio सिर्फ एक टूल है, ये चैनल को चलाता नहीं, बल्कि उसकी दिशा दिखाता है।

- Content हमेशा सबसे ज्यादा मायने रखता है – चाहे Studio देखो या न देखो।

- लेकिन अगर आप तेजी से ग्रो करना चाहते हैं, तो Studio से मिली जानकारी पर ध्यान देना ही समझदारी है।

- Watch Time, CTR, Audience Retention और ट्रैफिक सोर्स – ये वो 4 चीज़ें हैं जिन पर सबसे पहले ध्यान दें।

- शुरुआत में आप Studio को सिर्फ गाइड की तरह रखें, लेकिन जैसे-जैसे चैनल बढ़े, उसे अपनी आदत बना लें।

अब आप तय करें – सिर्फ वीडियो बनाना है या समझदारी से यूट्यूब पर लंबी रेस का घोड़ा बनना है।

अध्याय 21 (भाग 2)

अगर हम YouTube Studio और Analytics का उपयोग नहीं करें, तो क्या नुकसान हो सकता है?

जब आप वीडियो अपलोड करते हैं और उसके बाद सिर्फ व्यूज़ और लाइक्स देखकर ही संतुष्ट हो जाते हैं, तो आप यूट्यूब की उस गहराई तक नहीं पहुंच पाते, जो असली ग्रोथ दिलाती है। YouTube Studio और उसमें मौजूद Analytics टूल्स सिर्फ नंबर दिखाने के लिए नहीं होते – ये आपके चैनल की सेहत, भविष्य और दिशा तय करने में अहम भूमिका निभाते हैं।

1. बिना Analytics के आप अंदाज़ों पर काम कर रहे होते हैं

अगर आप YouTube Studio को नहीं देखते, तो आप यह नहीं जान सकते कि:

- कौन सी वीडियो ज्यादा अच्छा परफॉर्म कर रही हैं और क्यों?
- आपके दर्शक वीडियो कहां छोड़ रहे हैं या स्किप कर रहे हैं?
- आपकी ऑडियंस कौन है, कहां से है, किस उम्र की है, क्या देखना पसंद करती है?

ऐसी जानकारी के बिना आप हर बार केवल अंदाज़ा लगाकर काम करते हैं, जिससे चैनल की ग्रोथ धीमी हो जाती है।

2. वीडियो की क्वालिटी सुधारने का मौका छूट जाता है

YouTube Studio आपको Watch Time, Retention Rate, Click-Through Rate (CTR), और Audience Feedback जैसी जानकारी देता है। यह सब दिखाता है कि आपकी वीडियो कहां इम्प्रूव हो सकती थी – थंबनेल, टाइटल, एडिटिंग या कंटेंट फ्लो में।

अगर आप इन पॉइंट्स को नजरअंदाज़ करते हैं, तो आप लगातार वही गलतियाँ दोहराते हैं और कंटेंट की क्वालिटी वही की वही बनी रहती है।

3. ग्रोथ की स्पीड रुक सकती है

Analytics से यह पता चलता है कि किस दिन, किस समय और किस तरह का कंटेंट आपके लिए सबसे अच्छा काम करता है। अगर आप इन जानकारियों को नजरअंदाज़ करेंगे, तो आपकी चैनल की ग्रोथ धीरे-धीरे रुक सकती है।

4. ऐडवांस प्लानिंग और स्ट्रैटेजी बनाना मुश्किल हो जाता है

Analytics से यह भी पता चलता है कि आपके दर्शक किस टॉपिक में ज्यादा दिलचस्पी रखते हैं, किस लंबाई की वीडियो उन्हें पसंद आती है, और वो किस वीडियो से आगे जुड़ते हैं। बिना इन जानकारियों के आप लंबी अवधि की कोई ठोस रणनीति नहीं बना सकते।

5. ब्रांड और ऑडियंस बिल्डिंग पर असर पड़ता है

अगर आप सिर्फ कंटेंट अपलोड करते हैं लेकिन ये नहीं समझते कि लोग उसे क्यों देख रहे हैं या क्यों छोड़ रहे हैं, तो आप उनके साथ मजबूत रिलेशन नहीं बना पाएंगे। इससे आपका ब्रांड कमजोर होगा और नए दर्शकों को जोड़ना मुश्किल होगा।

6. YouTube एल्गोरिदम को नहीं समझ पाएंगे

YouTube Studio आपको ये भी बताता है कि एल्गोरिदम कैसे आपके कंटेंट को प्रमोट कर रहा है – Suggested में कितनी बार आ रहा है, Search से कितना ट्रैफिक आ रहा है, या External Sources से कौन आ रहा है।

अगर आप यह सब नहीं जानते, तो आप एल्गोरिदम के हिसाब से अपने कंटेंट को ढाल ही नहीं पाएंगे।

7. शुरुआती दिनों में भी इसका उपयोग जरूरी है?

बहुत लोग सोचते हैं कि जब सब्सक्राइबर बढ़ जाएंगे, तब देखेंगे Analytics। लेकिन सच ये है कि अगर आप शुरुआत से ही ध्यान नहीं देंगे तो बाद में सुधार करना और मुश्किल हो जाता है।

Analytics का इस्तेमाल शुरुआती दिनों में करने से:

- आप जल्दी सीखते हैं कि कौन सी चीज़ काम कर रही है और कौन नहीं।
- आप ऑडियंस को जल्दी समझने लगते हैं।
- आप बेवजह की मेहनत और समय की बर्बादी से बचते हैं।

निष्कर्ष

अगर आप YouTube Studio और Analytics का सही से उपयोग नहीं करते, तो आप एक अंधेरे में चल रहे यात्री की तरह हैं, जिसे ना रास्ता दिखता है, ना मंज़िल। Analytics सिर्फ एक नंबर देखने का टूल नहीं, बल्कि वो आईना है जिसमें आप अपने कंटेंट, अपनी ऑडियंस और अपनी कमियों को साफ-साफ देख सकते हैं।

इसलिए अगर आप चाहते हैं कि आपका चैनल लॉन्ग टर्म में ग्रो करे, आपकी वीडियो क्वालिटी बेहतर हो और आप एक प्रोफेशनल क्रिएटर बनें – तो YouTube Studio को समझिए, अपनाइए और इस्तेमाल करिए।

अध्याय 22

यूट्यूब पैसा क्यों देता है? - अटेंशन की करेंसी और यूट्यूब का बिज़नेस मॉडल

जब भी कोई नया क्रिएटर यूट्यूब पर आता है, तो उसके दिमाग में एक सवाल ज़रूर होता है – *"यूट्यूब पैसा क्यों देता है?"* और एक और सवाल – *"सिर्फ वीडियो डालने से यूट्यूब कैसे पैसे देने लगता है?"*

अगर आप भी यही सोच रहे हैं, तो इस अध्याय में हम इस सवाल का जवाब बहुत ही अच्छे से और गहराई से समझने वाले हैं।

यूट्यूब पैसा क्यों देता है?

यूट्यूब किसी को यूं ही पैसे नहीं देता। वह आपके वीडियो की क्वालिटी, व्यूअर की अटेंशन और आपके कंटेंट पर मिलने वाले इंगेजमेंट पर कमाता है – और फिर उसी कमाई का एक हिस्सा आपको देता है।

मतलब ये हुआ कि *अगर आपके वीडियो पर लोगों की नजरें टिक रही हैं, तो यूट्यूब उस अटेंशन को बेचकर पैसे कमाता है।*

अटेंशन: आज की सबसे बड़ी करेंसी

आज की डिजिटल दुनिया में *"अटेंशन यानी ध्यान"* एक बहुत बड़ी करेंसी बन चुकी है। जिस पर जितनी ज्यादा नज़रें टिकती हैं, उसकी वैल्यू उतनी ही ज्यादा होती है।

आपको शायद यकीन न हो, लेकिन आज के समय में कई ब्रांड्स और कंपनियां सिर्फ लोगों की **अटेंशन खरीदने के लिए करोड़ों खर्च कर रही हैं** – और यही ध्यान यूट्यूब पर आने वाले वीडियो पर भी बिका करता है।

एडवरटाइज़र्स इतना पैसा क्यों देते हैं?

अब सवाल उठता है – *"एडवरटाइज़र इतना पैसा क्यों देते हैं?"*

सीधा सा जवाब है –

क्योंकि जहां लोग देख रहे हैं, वहीं उनका प्रोडक्ट बिकेगा।

अगर कोई ब्रांड जानता है कि लोग यूट्यूब पर बहुत वक्त बिता रहे हैं, तो वह चाहता है कि उसका विज्ञापन उन्हीं लोगों तक पहुंचे। इसके लिए वो यूट्यूब को पैसे देता है, ताकि यूट्यूब उस विज्ञापन को उन लोगों को दिखा सके – और फिर यूट्यूब उस पैसे का एक हिस्सा उस क्रिएटर को देता है, जिसकी वीडियो पर वह विज्ञापन चला।

यूट्यूब का बिज़नेस मॉडल क्या है?

अब बात करते हैं यूट्यूब के पूरे बिज़नेस मॉडल की। इसे आप चार आसान हिस्सों में समझ सकते हैं:

1. **वीडियो क्रिएटर (YouTuber)** – जो वीडियो बनाता है।

2. **व्यूअर (Audience)** – जो वीडियो को देखता है।

3. **एडवरटाइज़र (Brands/Companies)** – जो यूट्यूब पर अपने विज्ञापन चलवाते हैं।

4. **प्लेटफॉर्म (YouTube)** – जो इन सभी को जोड़ता है।

जब आप एक वीडियो बनाते हैं और लोग उसे देखते हैं, तो यूट्यूब वहां विज्ञापन दिखाने का मौका पकड़ता है। फिर उस विज्ञापन से जो कमाई होती है, उसका कुछ हिस्सा यूट्यूब रखता है और कुछ हिस्सा आपको दे देता है।

यूट्यूब की कमाई कहां-कहां से होती है?

1. **Google Ads (AdSense):**

   हर वीडियो पर जो विज्ञापन चलता है, उससे।

2. **YouTube Premium:**

   जो लोग बिना ऐड के वीडियो देखना चाहते हैं, वो यूट्यूब को पैसे देते हैं – और उसमें से हिस्सा आपको मिलता है।

3. **Channel Memberships & Super Chat:**

   जो लोग आपके चैनल को सपोर्ट करते हैं, उन पैसों में से भी यूट्यूब थोड़ा हिस्सा रखकर बाकी आपको देता है।

4. **Sponsored Videos और Brand Deals:**

   जब ब्रांड्स डायरेक्ट आपसे संपर्क करते हैं, तो उससे भी आपको कमाई होती है।

यूट्यूब पैसा देता कैसे है?

आपके वीडियो पर जितने ज्यादा व्यूज़ और वॉच टाइम होता है, उतना ही ज्यादा कमाई का मौका बढ़ता है। यूट्यूब CPM (Cost Per Mille - यानी 1000 व्यूज़ पर मिलने वाला पैसा) के आधार पर पैसे देता है। यह CPM हर देश, हर टॉपिक और हर ऑडियंस के हिसाब से अलग होता है।

उदाहरण के लिए – फाइनेंस, हेल्थ या टेक वीडियो पर CPM ज्यादा होता है क्योंकि ब्रांड्स इन टॉपिक के लिए ज्यादा पैसे देने को तैयार रहते हैं।

निष्कर्ष: यूट्यूब क्यों और कैसे देता है पैसा?

यूट्यूब कोई दान नहीं करता, वो आपके जरिए **लोगों की अटेंशन बेचता है।**

और जब वह बेचकर पैसा कमाता है, तो उसका एक हिस्सा आपको देता है – इसीलिए उसे एक साझेदारी का मॉडल (Revenue Share Model) कहते हैं।

आपके लिए सबसे जरूरी है कि आप लोगों का ध्यान खींचें, बनाए रखें, और उन्हें वैल्यू दें। जितनी ज्यादा अटेंशन आप लाते हैं, उतनी ज्यादा कमाई आप कर सकते हैं।

Content = Attention = Revenue

अच्छा कंटेंट = ज्यादा ध्यान = ज्यादा कमाई

अध्याय 23

यूट्यूब पार्टनर प्रोग्राम (YPP), मोनेटाइजेशन की शर्तें, पॉलिसी, कमाई और पूरी प्रक्रिया - सच, झूठ और सही समझ

अगर आप यूट्यूब से पैसा कमाना चाहते हैं, तो सबसे पहला स्टेप होता है यूट्यूब पार्टनर प्रोग्राम (YouTube Partner Program - YPP) में शामिल होना। लेकिन बहुत से नए यूट्यूबर्स के मन में यह सवाल होता है कि आखिर यूट्यूब पैसा देता क्यों है, कब देता है, कैसे मिलता है, किसे मिलता है, और कितने व्यूज़ पर कितना पैसा बनता है? इस अध्याय में हम YPP से जुड़ी हर जरूरी बात को आसान भाषा में समझेंगे।

YPP क्या है और इसमें कैसे शामिल हों?

YouTube Partner Program (YPP) यूट्यूब का एक आधिकारिक मोनेटाइजेशन सिस्टम है, जिसके ज़रिए यूट्यूब आपके वीडियो पर विज्ञापन (Ads) दिखाता है और उसके बदले आपको पैसे देता है।

YPP में शामिल होने की शर्तें (2025 के अनुसार):

Long-form वीडियो के लिए:

- चैनल पर पिछले 12 महीनों में कम से कम **1000 सब्सक्राइबर्स** होने चाहिए।

- चैनल पर पिछले 12 महीनों में **4000 घंटे की वॉच टाइम** होनी चाहिए।

- यूट्यूब की सभी पॉलिसी, कम्युनिटी गाइडलाइंस और कॉपीराइट नियमों का पालन होना चाहिए।

- Two-step verification ऑन होना चाहिए।
- कोई एक्टिव कम्युनिटी स्ट्राइक या कॉपीराइट स्ट्राइक नहीं होनी चाहिए।

Short-form वीडियो (YouTube Shorts) के लिए:

- पिछले 90 दिनों में कम से कम **10 मिलियन शॉर्ट्स व्यूज़** होने चाहिए।
- कम से कम **1000 सब्सक्राइबर्स** जरूरी हैं।

आप इनमें से किसी भी एक क्राइटेरिया को पूरा करके YPP में शामिल हो सकते हैं।

YPP में Apply कैसे करें?

1. यूट्यूब स्टूडियो में जाकर "Monetization" टैब पर जाएं।
2. YPP की शर्तें पूरी हों, तो वहाँ Apply का ऑप्शन आएगा।
3. फॉर्म भरें, Google AdSense अकाउंट लिंक करें।
4. यूट्यूब आपके चैनल को रिव्यू करेगा (3 से 30 दिनों के भीतर)।
5. अगर आपके कंटेंट में कोई पॉलिसी वॉयलेशन नहीं है, तो आपका चैनल मोनेटाइज हो जाएगा।

किन कारणों से YPP एप्लिकेशन Reject हो सकता है?

- Reused content (दूसरों का कंटेंट दोबारा इस्तेमाल करना)
- Repetitive content (बहुत ही एक जैसे वीडियो बार-बार)
- Community guidelines का उल्लंघन
- Copyright strike होना
- Misleading content

अगर रिजेक्ट हो गया तो:

- 30 दिनों बाद फिर से अप्लाई कर सकते हैं।

- आप तीन बार तक अपील कर सकते हैं, अगर आपको लगता है कि गलती से रिजेक्ट किया गया है।

YPP में शामिल होने के बाद: ऐड प्लेसमेंट की सही स्ट्रैटेजी

जब आपका चैनल मोनेटाइज हो जाए, तो आप अपने वीडियो पर Ads लगा सकते हैं। लेकिन Ads का Placement बहुत मायने रखता है।

वीडियो में ऐड कहां लगाएं?

- अगर वीडियो 8 मिनट से लंबा है, तो आप उसे "Mid-roll ads" के लिए Eligible बना सकते हैं।

- स्टार्टिंग और एंडिंग पर Ads लगाना सामान्य है, लेकिन बीच में बहुत ज़्यादा Ads डालने से Viewers Irritate हो सकते हैं।

- ध्यान रखें: ज्यादा ऐड = ज्यादा पैसा, लेकिन Viewers की सहनशीलता भी मायने रखती है।

Google AdSense से पैसा कैसे आता है?

जब भी कोई व्यक्ति आपके वीडियो पर दिख रहे ऐड को देखता है या उस पर क्लिक करता है, तो यूट्यूब को Advertisers से पैसा मिलता है। यूट्यूब इस कमाई का 55% हिस्सा आपको देता है और 45% खुद रखता है।

Ad Revenue आपके Google AdSense अकाउंट में जाता है।

- हर महीने की 21 तारीख तक Revenue अपडेट होता है।

- हर महीने की 21 से 26 तारीख के बीच Payment प्रोसेस होती है।

- न्यूनतम $100 (लगभग ₹8000) होने पर ही पैसे ट्रांसफर होते हैं।

CPM क्या होता है और उससे कमाई कैसे होती है?

CPM (Cost Per Mille) यानी 1000 Ads व्यूज़ पर मिलने वाली औसतन रकम।

CPM हर चैनल, हर कंटेंट टाइप और हर देश के हिसाब से अलग-अलग होता है।

उदाहरण:

- एजुकेशन या फाइनेंस कंटेंट का CPM ज्यादा होता है।
- एंटरटेनमेंट या व्लॉगिंग में CPM थोड़ा कम हो सकता है।
- इंडिया में CPM $0.5 से $2 तक होता है, जबकि अमेरिका में यह $5 से $20 तक हो सकता है।

कितना पैसा मिलता है? - सच और झूठ

झूठ: "1 लाख व्यूज़ पर ₹1 लाख मिलेंगे।"

सच: "कमाई सिर्फ व्यूज़ से नहीं होती, Ad views और CPM से होती है।"

100,000 व्यूज़ पर कमाई:

- अगर CPM $1 है तो आपको लगभग $100 यानी ₹8000 तक मिल सकते हैं।
- अगर Viewers Ads को स्किप कर देते हैं, तो भी पैसे नहीं मिलते।

हर कंटेंट का CPM अलग होता है। यही वजह है कि दो चैनल्स को एक जैसे व्यूज़ पर भी अलग-अलग पैसा मिलता है।

Content Strategy जो Rejection से बचाए

- Copyright फ्री म्यूजिक, वीडियो और फोटो का इस्तेमाल करें।
- Voiceover खुद करें या AI-generated न हो।

- Informative, Unique और Value-based कंटेंट बनाएं।
- थंबनेल और टाइटल में Misleading चीजें न रखें।
- कंटेंट Repetitive न हो, हर वीडियो में कुछ नया दें।

निष्कर्ष

- YPP से कमाई शुरू करने के लिए कुछ जरूरी शर्तें पूरी करनी होती हैं।
- मोनेटाइजेशन केवल व्यूज़ से नहीं, बल्कि Viewer की attention और Ads से होता है।
- CPM हर कंटेंट और देश के हिसाब से अलग होता है।
- सही ऐड प्लेसमेंट और क्वालिटी कंटेंट ज़्यादा कमाई का रास्ता खोलता है।
- अगर आप यूट्यूब की पॉलिसीज़ का पालन करेंगे, तो बिना किसी दिक्कत के आपका चैनल मोनेटाइज हो सकता है।

याद रखें:

यूट्यूब सिर्फ Quantity नहीं, Quality और Value देखता है। अगर आपके कंटेंट में दम है, तो पैसे अपने आप आएंगे।

अध्याय 24

ब्रांड डील्स और स्पॉन्सरशिप - कमाई का दूसरा दरवाज़ा, लेकिन ज़िम्मेदारी के साथ

जब कोई यूट्यूबर अपने चैनल पर मेहनत करता है, अच्छे से कंटेंट बनाता है, ऑडियंस का भरोसा जीतता है, तो सिर्फ ऐड्स के ज़रिए ही नहीं, बल्कि **ब्रांड डील्स और स्पॉन्सरशिप** के ज़रिए भी अच्छी कमाई करने लगता है। लेकिन यह कमाई उतनी ही **संवेदनशील** और **ज़िम्मेदारी वाली** होती है। क्योंकि इसमें सिर्फ आपकी कमाई नहीं, बल्कि आपके दर्शकों का भरोसा भी दांव पर होता है।

अब आइए इसे विस्तार से समझते हैं।

ब्रांड डील्स और स्पॉन्सरशिप क्या होती है?

जब कोई कंपनी या ब्रांड अपने प्रोडक्ट या सर्विस का प्रमोशन आपके चैनल के ज़रिए करवानी चाहती है, और बदले में आपको पेमेंट देती है – उसे हम ब्रांड डील या स्पॉन्सरशिप कहते हैं।

ब्रांड डील्स दो तरीकों से होती हैं:

1. **सीधा प्रमोशन (Direct Promotion):** जहाँ आप ब्रांड का कोई प्रोडक्ट या सर्विस अपनी वीडियो में इस्तेमाल करते हुए प्रमोट करते हैं।

2. **इंटीग्रेटेड स्पॉन्सरशिप (Integrated Sponsorship):** जहाँ आपकी वीडियो का एक हिस्सा ब्रांड के प्रमोशन को समर्पित होता है (जैसे - "इस वीडियो को स्पॉन्सर किया है XYZ ब्रांड ने...")।

कितने टाइप्स की डील्स होती हैं?

- **Product Placement:** जब ब्रांड का प्रोडक्ट वीडियो में दिखाई देता है।

- **Shoutout:** जब आप सिर्फ ब्रांड का नाम और एक लाइन बोलते हैं।

- **Review Based:** जब आप प्रोडक्ट का पूरा रिव्यू करते हैं।

- **Affiliate Based:** जब आप ब्रांड के लिंक शेयर करते हैं, और हर सेल पर कमीशन मिलता है।

- **Dedicated Video:** पूरी वीडियो सिर्फ ब्रांड पर होती है।

- **Giveaways/Collab Deals:** जहां ब्रांड आपकी ऑडियंस के लिए कुछ फ्री में देता है, और आप उसे प्रमोट करते हैं।

वीडियो में ब्रांड का प्रमोशन कैसे करें?

- वीडियो की शुरुआत, बीच या एंड में प्रमोशन जोड़ सकते हैं।

- स्क्रीन पर **#Ad**, **#Sponsored**, या **#Promotion** जैसे डिस्क्लोजर ज़रूर दिखाएं।

- ज़रूरी है कि आप **स्पष्ट रूप से दर्शकों को बताएं कि वीडियो का कौन सा हिस्सा प्रमोशन है।**

एथिकल और लीगल गाइडलाइंस

अगर आप इंडिया से हैं, तो आपको **ASCI (Advertising Standards Council of India)** की गाइडलाइंस फॉलो करनी चाहिए। अन्य देशों के लिए वहां की एडवर्टाइजिंग अथॉरिटीज़ की गाइडलाइंस होती हैं।

- **#Ad** टैग का उपयोग करें।

- ऑडियंस को यह स्पष्ट पता चले कि यह प्रमोशन है।

- जो प्रोडक्ट आप प्रमोट कर रहे हैं, वह आपके व्यूअर्स के लिए सही, सुरक्षित और उपयोगी होना चाहिए।
- बिना डिस्क्लोज़र के ब्रांड डील करना **कानूनी उल्लंघन** भी बन सकता है।

अपनी ऑडियंस के साथ ट्रस्ट कैसे बनाए रखें?

- वही प्रोडक्ट प्रमोट करें जो आपने खुद उपयोग किया हो या जिसे आप सच में बेहतर मानते हों।
- फालतू चीजें सिर्फ पैसे के लिए मत बेचिए।
- आपकी ऑडियंस आप पर भरोसा करती है, इसलिए उनका भरोसा कभी मत तोड़िए।
- सच्ची बातें बताइए, ज़रूरत के हिसाब से चीजें बताइए।

डील साइन करते समय किन बातों का ध्यान रखें?

- हमेशा **राइटिंग में एग्रीमेंट** करें – पेमेंट, स्क्रिप्ट, वीडियो फॉर्मेट, रिलीज़ डेट, रिवीजन आदि सब चीज़ें साफ-साफ लिखी होनी चाहिए।
- अगर ब्रांड आपके रूल्स, ऑडियंस या कंटेंट स्टाइल के खिलाफ कुछ कहे, तो डील को **ना कहने का हौसला रखें।**
- जब तक पेमेंट क्लियर न हो, तब तक वीडियो रिलीज़ न करें।

फ्रॉड से कैसे बचें?

- ईमेल और ऑफर की अच्छे से जांच करें।
- अगर कोई बहुत ज़्यादा पैसा ऑफर कर रहा है और वह अनजान ब्रांड है, तो सतर्क रहें।
- ब्रांड की वेबसाइट, सोशल मीडिया और पास्ट कोलैब्स की जांच करें।

निष्कर्ष

ब्रांड डील्स और स्पॉन्सरशिप्स **कमाई का शानदार जरिया हैं**, लेकिन उन्हें करने से पहले आपकी सच्ची नियत होनी चाहिए, **ऑडियंस के लिए ज़िम्मेदारी**, और **कानूनी समझदारी** होनी चाहिए। सही चीज़ प्रमोट कीजिए, भरोसा बनाए रखिए, और तब आप **लंबे समय तक ना सिर्फ पैसे कमा पाएंगे, बल्कि अपने ऑडियंस का दिल भी जीत पाएंगे।**

अगर आप इन बातों को ध्यान में रखकर काम करेंगे, तो आप एक **ज़िम्मेदार, भरोसेमंद और प्रोफेशनल यूट्यूबर** बन पाएंगे – और यही इस किताब का मकसद भी है।

ब्रांड डील्स और स्पॉन्सरशिप्स मिलती कैसे हैं? - एक यूट्यूबर के लिए ज़रूरी जानकारी और स्ट्रैटजी

ब्रांड डील्स और स्पॉन्सरशिप्स मिलती कैसे हैं?

जब भी कोई यूट्यूबर या कंटेंट क्रिएटर एक अच्छे स्तर पर पहुंचता है – यानी उसका कंटेंट लगातार अच्छा परफॉर्म करता है, वीडियो क्वालिटी बढ़िया होती है, ऑडियंस एंगेज होती है और चैनल का एक फिक्स ट्रैक रिकॉर्ड बन जाता है – तो ब्रांड्स और कंपनियां उसे नोटिस करने लगती हैं। लेकिन सवाल यह है कि वो **"अच्छा स्तर" आखिर होता कब है?**

ब्रांड डील्स मिलने के लिए कितने सब्सक्राइबर और व्यूज़ की जरूरत होती है?

सच कहें तो ब्रांड डील्स सिर्फ सब्सक्राइबर की संख्या से नहीं मिलती। ब्रांड्स यह देखते हैं कि–

- आपके वीडियो को कितने लोग देखते हैं (व्यूज़)

- आपका एंगेजमेंट कैसा है (लाइक, कमेंट, शेयर, वॉचटाइम)

- आपका चैनल किस टॉपिक पर है (niche/category)

- आपका कंटेंट कितना भरोसेमंद और ऑथेंटिक है

फिर भी एक मोटे तौर पर आंकड़ा देखें तो -

- अगर आपके पास **5,000 से 10,000 सब्सक्राइबर** हैं और हर वीडियो पर **1,000 से 10,000 व्यूज़** आ रहे हैं, तो छोटी या मिड-लेवल ब्रांड्स आपको स्पॉन्सर कर सकती हैं।

- अगर आपके पास **50,000 से ऊपर सब्सक्राइबर** हैं, तो आपके पास बड़ी ब्रांड डील्स मिलने की संभावना बढ़ जाती है।

- **100K+ (1 लाख से ज्यादा सब्सक्राइबर)** के बाद तो आप खुद ब्रांड्स को मना करने की स्थिति में आ सकते हैं।

ब्रांड कैसे अप्रोच करता है?

1. **ईमेल के ज़रिए:**

   ब्रांड्स या उनकी एजेंसियां आपके चैनल के अबाउट सेक्शन में दिए गए बिजनेस ईमेल पर कांटेक्ट करती हैं।

2. **सोशल मीडिया DMs:**

   इंस्टाग्राम, ट्विटर या लिंक्डइन के माध्यम से भी ब्रांड्स पहला कॉन्टैक्ट बना सकते हैं।

3. **इनफ्लुएंसर मार्केटिंग प्लेटफॉर्म्स और एजेंसियों के ज़रिए:**

   जैसे-जैसे आपका चैनल ग्रो करता है, आपको कुछ एजेंसियों से इन्वाइट्स आ सकते हैं जो ब्रांड्स और क्रिएटर्स को जोड़ती हैं।

खुद ब्रांड को कैसे अप्रोच करें?

अगर आप खुद ब्रांड्स को अप्रोच करना चाहते हैं, तो कुछ बातों का ध्यान ज़रूर रखें:

- सबसे पहले अपना **Media Kit** बनाएं – जिसमें आपके चैनल के बारे में, आपकी ऑडियंस, व्यूज़, टॉपिक, पिछली ब्रांड डील्स (अगर हों), और रेट्स लिखे हों।

- अच्छे से एक **ईमेल टेम्पलेट** बनाइए, जिसमें आप ब्रांड को यह बताएं कि आपके चैनल पर प्रमोशन करने से उन्हें क्या फायदा होगा।

- उस ब्रांड से जुड़िए जो आपके कंटेंट से मिलता-जुलता हो – अगर आप फूड चैनल चलाते हैं तो ट्रैवल ब्रांड से अप्रोच करने की जगह फूड प्रोडक्ट कंपनियों को अप्रोच करें।

अच्छा सवाल यह है कि:

ब्रांड हमें अप्रोच करे या हम ब्रांड को?

दोनों ही रास्ते सही हैं, लेकिन–

- अगर आप **शुरुआती स्टेज** में हैं तो खुद ब्रांड्स को अप्रोच करना सही रहता है। इससे आपका कॉन्फिडेंस भी बढ़ेगा और डील्स मिलने के चांसेस भी।

- अगर आप **अच्छी ग्रोथ पर** हैं, तो ब्रांड्स खुद ही आपके पास आने लगते हैं।

इन्फ्लुएंसर एजेंसियों के ज़रिए ब्रांड डील्स कैसे मिलती हैं?

कई मार्केटिंग एजेंसियां होती हैं जो यूट्यूबर्स और इंस्टाग्राम इन्फ्लुएंसर्स को ब्रांड्स से जोड़ती हैं। जैसे–

- वे आपके डेटा को एनालाइज करके ब्रांड्स को प्रोफाइल भेजते हैं

- ब्रांड्स अगर आपके चैनल में दिलचस्पी लेते हैं तो एजेंसी के ज़रिए आपको ऑफर भेजते हैं

- यह डील्स कमिशन बेस्ड भी हो सकती हैं

लेकिन... हमेशा यह याद रखें कि **फ्रॉड से बचना बहुत जरूरी है।**

ब्रांड डील्स लेते समय किन बातों का ध्यान रखें?

1. **लिखित एग्रीमेंट ज़रूर हो।**

2. प्रोडक्ट या सर्विस को खुद टेस्ट करें।

3. **#Ad, #Sponsored** जैसे डिस्क्लोजर दें - ताकि सबकुछ ट्रांसपेरेंट हो।

4. अपने व्यूअर्स के भरोसे को किसी भी कीमत पर तोड़ने वाली डील मत लीजिए।

5. पेमेंट की शर्तें पहले से क्लियर रखें – कब, कैसे और कितनी मिलेगी।

निष्कर्ष:

ब्रांड डील्स और स्पॉन्सरशिप्स पैसा कमाने का एक मजबूत ज़रिया हैं, लेकिन उससे पहले आपको अपने चैनल की वैल्यू और अपने व्यूअर्स के ट्रस्ट को बनाकर रखना होगा।

आप जितना ज्यादा ट्रस्ट और क्वालिटी बनाए रखेंगे, उतनी ही जल्दी और अच्छी ब्रांड डील्स आपके पास आएंगी।

ब्रांड डील्स ना सिर्फ पैसे की बात होती हैं, बल्कि यह आपकी जिम्मेदारी, सोच और आपकी वैल्यू का भी आइना होती है।

अध्याय 25

यूट्यूब और सोशल मीडिया के ज़रिए एफिलिएट मार्केटिंग से पैसे कैसे कमाए जाएं - पूरी सच्चाई, ज़रूरी बातें और कमाई के मौके

एफिलिएट मार्केटिंग आखिर है क्या?

एफिलिएट मार्केटिंग एक ऐसा तरीका है जिसमें आप किसी कंपनी या ब्रांड के प्रोडक्ट या सर्विस को प्रमोट करते हैं और अगर कोई आपकी दी गई लिंक से वह प्रोडक्ट खरीद लेता है, तो आपको उसका कमीशन मिलता है।

सीधा मतलब – **आप किसी और के प्रोडक्ट बेचते हैं, और बदले में आपको हिस्सा मिलता है।**

अब सवाल उठता है – क्या यूट्यूब और सोशल मीडिया के जरिए इससे कमाई की जा सकती है?

तो जवाब है – **हां, बिल्कुल। और अच्छी-खासी कमाई की जा सकती है। लेकिन कुछ शर्तों के साथ।**

एफिलिएट मार्केटिंग से पैसे कमाने के लिए किन बातों को जानना बहुत जरूरी है?

एफिलिएट से पैसे कमाना कोई जादू नहीं है। इसके लिए कुछ जरूरी बातें, समझ और स्किल्स होनी चाहिए:

1. **ट्रस्टेड और वैल्यू देने वाला कंटेंट:**

    लोग तब ही आपकी लिंक से कुछ खरीदेंगे जब उन्हें लगे कि आप सच में काम की और सही जानकारी दे रहे हैं।

2. **सही ऑडियंस को टारगेट करना:**

अगर आप गेमिंग का कंटेंट बना रहे हैं तो गेमिंग प्रोडक्ट्स का एफिलिएट ही प्रमोट करें। अगर आप एजुकेशन या टेक चैनल चलाते हैं तो वही चीजें।

3. **एफिलिएट लिंक को डिस्क्रिप्शन और कमेंट में प्रोपर तरीके से लगाना:**

ताकि दर्शक को कंफ्यूजन न हो और यूट्यूब की पॉलिसी भी फॉलो हो।

4. **डिस्क्लोजर देना जरूरी है:**

आपको अपने वीडियो में यह बताना जरूरी है कि लिंक एफिलिएट हैं। ताकि ट्रांसपेरेंसी बनी रहे।

एफिलिएट मार्केटिंग से कौन-कौन कमा सकता है?

* **टेक रिव्यू चैनल** (मोबाइल्स, गैजेट्स, कैमरा आदि)
* **फैशन और ब्यूटी चैनल**
* **बुक रिव्यू, एजुकेशन चैनल**
* **होम डेकोर, किचन प्रोडक्ट्स से जुड़े चैनल**
* **फाइनेंस और ऑनलाइन टूल्स से जुड़े चैनल**
* **Amazon, Flipkart, Meesho जैसे पार्टनर्स से जुड़ने वाले चैनल**

किन कंटेंट कैटेगरी में एफिलिएट नहीं करना चाहिए?

* **डेली व्लॉग्स में जबरदस्ती प्रोडक्ट्स ठूंस देना।**
* **किड्स कंटेंट में बिना सोचे-समझे कोई भी एफिलिएट लिंक देना।**
* **मोटिवेशनल या इमोशनल वीडियो में भटकाने वाले लिंक डालना।**

एफिलिएट करने से पहले जरूरी स्किल्स क्या हैं?

- कंटेंट को ऑडियंस की जरूरत से जोड़ने की कला।

- बेहतरीन वीडियो प्रेजेंटेशन।

- ट्रस्ट बिल्ड करना।

- प्रोडक्ट या सर्विस को ईमानदारी से टेस्ट करना और तभी सजेस्ट करना।

- थंबनेल और टाइटल ऐसा बनाना जो क्लिकबेट न हो लेकिन लोगों को क्लिक करने के लिए आकर्षित करे।

एफिलिएट से कितना पैसा कमाया जा सकता है?

यह इस पर निर्भर करता है:

- किस प्लेटफॉर्म से एफिलिएट कर रहे हैं (Amazon, Flipkart, Coursera, आदि)

- आपके चैनल की ऑडियंस कितनी खरीदारी करती है?

- आप किस तरह का प्रोडक्ट प्रमोट कर रहे हैं (सस्ता, महंगा, डिजिटल, फिजिकल)

कुछ एफिलिएट्स हर महीने **₹5000 से लेकर ₹5 लाख तक** भी कमा लेते हैं — अगर उनका कंटेंट टारगेटेड है और लिंक का सही इस्तेमाल किया गया है।

एफिलिएट से जुड़ी जरूरी पॉलिसी और गाइडलाइंस क्या हैं?

भारत के लिए:

- आपको ASCI (Advertising Standards Council of India) की गाइडलाइंस फॉलो करनी चाहिए।

- वीडियो में डिस्क्लोजर दें कि "यह लिंक एफिलिएट है" या "This video contains affiliate links"।

विदेशों के लिए:

- USA में FTC (Federal Trade Commission) की गाइडलाइंस लागू होती हैं।

- हर देश की अपनी अलग पॉलिसी होती है – अगर आप उस देश को टारगेट कर रहे हैं, तो वहां की गाइडलाइंस को फॉलो करना जरूरी है।

कब एफिलिएट मार्केटिंग करनी चाहिए?

- जब आपकी ऑडियंस का ट्रस्ट बना हुआ हो।

- जब आप किसी प्रोडक्ट या सर्विस को सच में यूज़ कर चुके हों या उसके बारे में अच्छे से जानते हों।

- जब आपका कंटेंट उस प्रोडक्ट से मैच करता हो।

निष्कर्ष

एफिलिएट मार्केटिंग एक शानदार तरीका है कमाने का – लेकिन यह तब ही सफल होगा जब आप अपने व्यूअर्स की जरूरत, भरोसे और फायदे को सबसे ऊपर रखेंगे।

अगर आप सिर्फ पैसे के लिए कुछ भी प्रमोट करेंगे, तो न सिर्फ आपकी ऑडियंस आपसे दूर हो जाएगी, बल्कि आपका ब्रांड भी खराब हो सकता है।

सही कंटेंट + सही ऑडियंस + सही एफिलिएट + ईमानदारी = लॉन्ग टर्म सक्सेस

अध्याय 26

अगर कभी ऑडियंस से हेल्प मांगनी हो – कैसे, कब और कितनी ईमानदारी से?

कंटेंट बनाना एक क्रिएटिव सफर है। और ये सफर हमेशा आसान नहीं होता। कभी-कभी ज़िंदगी ऐसे मोड़ पर लाकर खड़ा कर देती है, जहाँ से आगे बढ़ने के लिए मदद माँगना एकमात्र विकल्प बन जाता है। खासतौर पर जब आप एक क्रिएटर हैं और आपकी ऑडियंस आपसे जुड़ी हुई है, तो कई बार यह सवाल उठता है कि **क्या ऑडियंस से मदद माँगना ठीक है? अगर हाँ, तो कैसे?**

इस अध्याय में हम यही बात विस्तार से समझेंगे – कि फाइनेंशियल और नॉन-फाइनेंशियल मदद माँगने का तरीका, समय और तरीका क्या होना चाहिए।

1. कब मांगनी चाहिए हेल्प?

मदद मांगना कोई शर्म की बात नहीं है, लेकिन यह जरूरी है कि उसे कब और क्यों माँगा जा रहा है, इसका कारण स्पष्ट और सही हो।

- जब आपकी स्वास्थ्य से जुड़ी कोई इमरजेंसी हो

- जब आप अपने यूट्यूब चैनल या कंटेंट को बचाने के लिए फंड जुटाना चाहते हों

- जब आप किसी सामाजिक, लोकल या नैतिक कार्य के लिए ऑडियंस से सहयोग चाहते हों

- जब आपकी कमाई का साधन पूरी तरह रुक गया हो और आप दोबारा शुरू करने के लिए समर्थन मांग रहे हों

2. कब नहीं मांगनी चाहिए हेल्प?

- अगर आप सिर्फ व्यक्तिगत खर्चों के लिए पैसे मांग रहे हैं और उसका कोई सार्वजनिक उद्देश्य नहीं है

- जब आपका कंटेंट या काम हेल्प की जगह खुद फंड जनरेट कर सकता है

- जब बार-बार बिना स्पष्ट कारण के ऑडियंस से पैसे मांगे जा रहे हों – ये ट्रस्ट तोड़ देता है

3. किस तरह मांगनी चाहिए हेल्प?

- **ईमानदारी और पारदर्शिता (transparency)** से बात रखें। अपने हालात को साफ़-साफ़ बताएँ।

- कभी भी कहानी को बढ़ा-चढ़ाकर या झूठ बोलकर ना बताएं।

- एक वीडियो या पोस्ट के ज़रिए साफ़ तौर पर बताएं कि आप क्यों मदद मांग रहे हैं और उसका उद्देश्य क्या है?

- यह भी ज़रूरी है कि आप बताएं, **"कहाँ और कैसे"** लोग मदद कर सकते हैं – जैसे कि:

  - UPI ID

  - बैंक डिटेल्स

  - पेट्रियन (Patreon) जैसे प्लेटफॉर्म्स

  - यूट्यूब के *Super Thanks, Memberships,* या *Live Donations*

4. कितना और किस तरह मांगें?

- एक सीमित और स्पष्ट राशि बताएं (जैसे - ₹10,000, ₹50,000 आदि)

- पूरी पारदर्शिता बनाए रखें कि इस पैसे का उपयोग कहाँ और कैसे होगा

- कोशिश करें कि मदद एक बार में पूरी हो और आपको बार-बार ऑडियंस से अपील न करनी पड़े

5. नॉन-फाइनेंशियल हेल्प कैसे मांगें?

अगर आपकी ज़रूरत पैसे की नहीं, बल्कि किसी स्किल की, फीडबैक की या सपोर्ट की है तो ये तरीके अपनाएँ:

- एक कॉल टू एक्शन दें: "अगर आप वीडियो एडिटिंग जानते हैं तो..."
- सोशल मीडिया के ज़रिए कहें: "मुझे किसी ऐसे व्यक्ति की ज़रूरत है जो मेरे चैनल पर ग्राफिक्स बना सके"
- ऑडियंस से सुझाव मांगिए: "आपको मेरा अगला वीडियो किस टॉपिक पर देखना है?"
- ओपन फीडबैक फॉर्म शेयर कर सकते हैं ताकि लोग सुझाव दे सकें

6. सही शब्दों का इस्तेमाल करें

जब भी मदद मांगे, इस तरह के शब्दों का उपयोग करें:

- "अगर आप चाहें तो..."
- "आपका छोटा सा योगदान मेरे लिए बहुत मायने रखता है..."
- "यह मेरी मजबूरी में लिया गया कदम है, मैं हमेशा आभारी रहूंगा..."

मत कहिए:

- "प्लीज़ मदद करो वरना मैं खत्म हो जाऊंगा"
- "अगर आपने नहीं किया तो मेरा चैनल बंद हो जाएगा" – इससे सहानुभूति नहीं, बल्कि दबाव महसूस होता है।

7. ब्रांड और ऑडियंस के बीच संतुलन बनाए रखें

अगर आप पहले से ब्रांड डील्स या पेड प्रमोशन कर रहे हैं, तो ऑडियंस से फंड मांगना थोड़ा संवेदनशील मामला हो सकता है। ऐसे में आपको और भी ज्यादा सावधानी और पारदर्शिता रखनी चाहिए। बताइए कि ब्रांड डील्स आपकी ज़रूरतें पूरी नहीं कर पा रहीं और आप क्यों सीधे ऑडियंस से अपील कर रहे हैं।

8. भरोसा बनाए रखिए

अगर आपकी ऑडियंस को लगने लगे कि आप बार-बार मदद के नाम पर इमोशनल अपील कर रहे हैं या केवल पैसे के लिए वीडियो बना रहे हैं, तो आपके ऊपर से भरोसा उठ सकता है। इसलिए जो भी करें, सोच-समझकर, ज़िम्मेदारी के साथ करें।

निष्कर्ष:

मदद मांगना एक इंसानी स्वभाव है। लेकिन *कैसे, कब,* और *कितनी ईमानदारी से* आप मदद मांगते हैं, यही तय करता है कि आपकी ऑडियंस आपको सपोर्ट करेगी या नहीं। अगर आप सच्चाई से, साफ़ दिल से, और एक मकसद के साथ ऑडियंस से अपील करते हैं, तो ज़रूर बहुत से लोग मदद के लिए आगे आएँगे।

बस ध्यान रखिए - भरोसा एक बार खो गया तो दोबारा नहीं बनता।

अध्याय 27

यूट्यूब से सबसे ज़्यादा पैसा कमाने के तरीके – कौन सा तरीका है सबसे फायदेमंद?

यूट्यूब आज सिर्फ एक वीडियो प्लेटफॉर्म नहीं रहा, यह एक पूरा कमाई का इकोसिस्टम बन चुका है। कुछ लोग इसे शौक के लिए करते हैं, कुछ ब्रांडिंग के लिए, और कुछ ऐसे भी हैं जो इससे फुल टाइम इनकम कमा रहे हैं – और वो भी लाखों में।

लेकिन बड़ा सवाल यह है कि यूट्यूब से सबसे ज़्यादा पैसा किस तरीके से कमाया जा सकता है? सिर्फ एड्स से? ब्रांड डील्स से? या फिर कुछ और?

इस अध्याय में हम हर कमाई के तरीके को विस्तार से समझेंगे, उन्हें कंपेयर करेंगे और जानेंगे कि कौन-सा तरीका सबसे ज़्यादा फायदेमंद है – *2025 के नज़रिए से।*

1. YouTube Monetization (Ad Revenue)

यूट्यूब पार्टनर प्रोग्राम के ज़रिए मिलने वाला Ad Revenue सबसे बेसिक तरीका है यूट्यूब से कमाई का।

कैसे कमाई होती है:

जब आपकी वीडियो पर ऐड चलते हैं, तो एडवर्टाइज़र्स गूगल (YouTube) को पे करते हैं, और उसका एक हिस्सा आपको मिलता है। इसे **CPM (Cost Per Mille)** और **RPM (Revenue Per Mille)** के ज़रिए मापा जाता है।

फायदे:

- Passive Income है
- हर वीडियो बार-बार कमाई दे सकती है
- एक बार मोनेटाइज़ हो गया, तो रेगुलर इनकम मिलती रहती है

नुकसान:

- CPM फ्लक्चुएट करता है
- सिर्फ ऐड से बड़ी कमाई बहुत मुश्किल है
- इंडिया में CPM वेस्टर्न देशों की तुलना में बहुत कम है

कमाई की सीमा:

1000 व्यू पर लगभग ₹20 से ₹150 तक (content category और लोकेशन के अनुसार)

2. Brand Deals और Sponsorships

यह तरीका यूट्यूबर्स के लिए सबसे बड़ा इनकम सोर्स बनता जा रहा है।

कैसे कमाई होती है:

ब्रांड्स आपसे अपनी प्रोडक्ट या सर्विस का प्रमोशन करवाते हैं — वीडियो में, डिस्क्रिप्शन में, या डेडिकेटेड वीडियो के रूप में।

फायदे:

- एक बार की डील में ही हज़ारों से लाखों की कमाई
- चैनल पर ऑथोरिटी और ट्रस्ट बढ़ता है
- आपकी ब्रांड वैल्यू बनती है

नुकसान:

- सब्सक्राइबर कम होने पर डील्स मिलनी मुश्किल
- ट्रस्ट तोड़ने वाले प्रोडक्ट प्रमोट करने पर ऑडियंस नाराज़ हो सकती है
- काफ़ी रिसर्च, नेगोशिएशन और कॉन्ट्रैक्ट्स की ज़रूरत होती है

कमाई की सीमा:

5,000 से ₹5,00,000+ (डील के आकार और ब्रांड पर निर्भर)

3. Affiliate Marketing

कैसे कमाई होती है:

आप प्रोडक्ट्स या सर्विसेज का लिंक अपने वीडियो डिस्क्रिप्शन में देते हैं, और जब कोई उस लिंक से खरीदारी करता है, तो आपको कमीशन मिलता है।

फायदे:

- कम सब्सक्राइबर में भी कमाई संभव
- Evergreen कंटेंट पर बार-बार सेल आ सकती है
- कोई इन्वेस्टमेंट नहीं

नुकसान:

- ट्रस्ट बिल्ड करना ज़रूरी है
- एफिलिएट लिंक पर क्लिक कम होते हैं
- हर कैटेगरी में काम नहीं करता

कमाई की सीमा:

₹100 से ₹1,00,000 प्रति वीडियो (content type और ऑडियंस पर निर्भर)

4. अपने खुद के Digital Products / Courses बेचना

कैसे कमाई होती है:

आप खुद का कोई कोर्स, eBook या PDF गाइड बनाते हैं और उसे यूट्यूब ऑडियंस को बेचते हैं।

फायदे:

- पूरी कमाई आपके पास
- हाई प्रॉफिट मार्जिन
- ब्रांडिंग और ऑथोरिटी बिल्ड होती है

नुकसान:

- बनाने में समय और मेहनत लगती है
- अच्छे मार्केटिंग स्किल्स चाहिए
- बेचना आना चाहिए

कमाई की सीमा:

₹5000 से ₹5 लाख प्रति प्रोडक्ट (quality और niche पर निर्भर)

5. Super Chat, Memberships और Fan Funding

कैसे कमाई होती है:

जब आप लाइव आते हैं तो दर्शक Superchat के ज़रिए पैसे भेज सकते हैं। या आपके चैनल की मेम्बरशिप ले सकते हैं।

फायदे:

- डायरेक्ट सपोर्ट आपके फैंस से
- एक strong कम्युनिटी बनती है
- रेगुलर इनकम का एक ज़रिया

नुकसान:

- एक्टिव और वफादार ऑडियंस चाहिए

- कम ऑडियंस पर इसका कोई फायदा नहीं

- यूट्यूब 30% कमिशन काट लेता है

6. Merchandise और Physical Products बेचना

कैसे कमाई होती है:

आप अपने ब्रांड का कोई फिजिकल प्रोडक्ट (जैसे टी-शर्ट, कप, स्टिकर) बेचते हैं।

फायदे:

- ब्रांड बिल्डिंग होती है

- बड़ा स्केलेबल बिज़नेस बन सकता है

- हाई प्रॉफिट मार्जिन

नुकसान:

- ऑडियंस वफादार होनी चाहिए

- इन्वेस्टमेंट की ज़रूरत पड़ सकती है

- लॉजिस्टिक और कस्टमर सपोर्ट का मैनेजमेंट

निष्कर्ष: सबसे ज़्यादा पैसा किससे आता है?

अगर आप पूछें कि यूट्यूब पर सबसे ज़्यादा पैसा किस चीज़ से कमाया जा सकता है, तो जवाब है:

Brand Deals + Affiliate Marketing + खुद के Digital Products

इन तीन तरीकों में है सबसे ज़्यादा कमाई की पावर।

क्योंकि:

- एड रेवेन्यू में लिमिट है
- लेकिन ब्रांड डील्स और एफिलिएट में कोई सीमा नहीं
- आप जितनी मेहनत करेंगे, उतनी कमाई होगी
- और अगर आपने खुद का प्रोडक्ट बना लिया, तो कमाई आपके कंट्रोल में होगी

आख़िरी बात

यूट्यूब पर पैसा कमाने का कोई एक रास्ता नहीं है। आपको शुरुआत एड रेवेन्यू से करनी चाहिए, फिर धीरे-धीरे ब्रांड डील्स, एफिलिएट मार्केटिंग और खुद के प्रोडक्ट्स की ओर बढ़ना चाहिए। अगर आप लंबे समय तक टिकना चाहते हैं और यूट्यूब से करियर बनाना चाहते हैं, तो एक से ज़्यादा कमाई के रास्ते जरूर अपनाइए।

कंटेंट क्वालिटी + consistency + audience trust = Maximum Income

अध्याय 28

बिना कॉपीराइट की दिक्कत के अच्छी क्वालिटी की वीडियो और थंबनेल के लिए बेस्ट फ्री और पेड रिसोर्सेस

शुरुआत में एक सवाल: क्या आपके पास बढ़िया कैमरा, स्टूडियो लाइट्स, म्यूज़िक लाइसेंस या एडिटिंग टीम नहीं है?

क्या आप चाहते हैं कि आपकी वीडियो प्रोफेशनल दिखे, लेकिन आपके पास बजट बहुत कम है या है ही नहीं?

तो यह अध्याय खास आपके लिए है।

अच्छी क्वालिटी की वीडियो के लिए ज़रूरी रिसोर्सेस क्या होते हैं?

एक अच्छी वीडियो में कई एलिमेंट्स होते हैं, जैसे:

- बैकग्राउंड इमेज या वीडियो क्लिप्स
- म्यूज़िक और साउंड इफेक्ट्स
- ग्राफिक्स, एलिमेंट्स और ट्रांज़िशन
- फनी या इन्फॉर्मेटिव वीडियो क्लिप्स (जैसे memes या stock footage)
- टेक्स्ट और टेम्प्लेट्स

इन सभी चीज़ों को पाने के लिए आपको सही वेबसाइट्स और टूल्स की जानकारी होनी चाहिए, ताकि बिना कॉपीराइट की टेंशन के, आप एक प्रोफेशनल क्वालिटी की वीडियो बना सकें।

कॉपीराइट फ्री मटेरियल कहां से मिल सकता है?

यहां हम सबसे भरोसेमंद और ज्यादातर क्रिएटर्स द्वारा इस्तेमाल किए जाने वाले *फ्री और पेड* प्लेटफॉर्म्स की लिस्ट दे रहे हैं। इन्हें आप AI वाले टूल्स और नॉन-AI टूल्स में बाँट सकते हैं।

1. फ्री वेबसाइट्स और टूल्स (बिना AI):

(a) Stock Images और Backgrounds के लिए:

- **Pixabay** - लाखों फ्री इमेज, वीडियो और ग्राफिक्स

- **Pexels** - हाई क्वालिटी वीडियो और फोटोज

- **Unsplash** - प्रोफेशनल लेवल की फोटोग्राफी (फ्री)

- **Freepik** - फ्री ग्राफिक्स, लेकिन कुछ कंटेंट के लिए क्रेडिट देना होता है

(b) Background Music और Sound Effects के लिए:

- **YouTube Audio Library** - यूट्यूब का खुद का फ्री म्यूजिक और साउंड इफेक्ट्स का खजाना, बिना किसी कॉपीराइट की दिक्कत के

- **FreeSound** - Creative Commons लाइसेंस के साथ हजारों साउंड इफेक्ट्स

- **Bensound** - कुछ म्यूजिक फ्री में, लेकिन Attribution देना होता है

(c) Meme Clips और Footage के लिए:

- **Mixkit** - फ्री वीडियो फुटेज और एसेट्स

- **Videvo** - कुछ फ्री, कुछ पेड – लेकिन ध्यान से लाइसेंस पढ़ें

(d) Templates और एलिमेंट्स के लिए:

- **Canva (Free Version)** - फ्री टेम्पलेट्स, ग्राफिक्स, थंबनेल डिजाइनिंग के लिए बेस्ट

2. पेड वेबसाइट्स और टूल्स (बिना AI):

- **Envato Elements** - मंथली सब्सक्रिप्शन में अनलिमिटेड डाउनलोड्स

- **Artlist / Artgrid** - हाई-क्वालिटी वीडियो, म्यूजिक और साउंड्स

- **Storyblocks** - वीडियो, साउंड, बैकग्राउंड म्यूजिक और टेम्पलेट्स का बहुत बड़ा लाइब्रेरी

- **MotionArray** - प्रोफेशनल एडिटिंग टेम्पलेट्स और म्यूजिक

3. फ्री और पेड AI-टूल्स:

(a) AI Image और Background Generator:

- **Craiyon / DALL·E / Lexica** - AI से फ्री इमेज जनरेशन (सिर्फ तभी उपयोग करें जब आपको पक्का हो कि लाइसेंस कमर्शियल यूज़ के लिए है)

(b) AI Video और Audio Tools:

- **RunwayML** - वीडियो एडिटिंग, बैकग्राउंड हटाना, AI वीडियो जनरेशन

- **Pictory / Synthesia** - AI से वीडियो जनरेशन, सीन बनाना, स्क्रिप्ट पढ़ना

- **ElevenLabs / Descript** - AI वॉइस और ऑडियो एडिटिंग

(c) AI Thumbnail Tools:

- **Canva (AI features with pro)** - Auto-enhance, AI resize, background remover

- **Adobe Express** - AI-बेस्ड थंबनेल डिजाइनिंग टूल्स

थंबनेल के लिए स्पेशल वेबसाइट्स और ऐप्स:

Mobile (Android और iOS):

- **Canva**

- **PixelLab**

- **Snapseed**

- **PicsArt**

Laptop/Desktop (Free & Paid):

- **Canva**

- **Photopea (free, browser-based Photoshop alternative)**

- **Adobe Photoshop (Paid)**

- **Fotor / Pixlr (Free + Paid)**

कितना फ्री में उपयोग कर सकते हैं?

- Pixabay, Pexels, Unsplash: पूरी तरह से फ्री

- Freepik: फ्री + कुछ कंटेंट पर एट्रिब्यूशन ज़रूरी

- Canva (Free): 60-70% फ्री टेम्पलेट्स, बाकी के लिए Pro चाहिए

- YouTube Audio Library: पूरी तरह से फ्री

- AI tools में Craiyon और Lexica जैसे कुछ टूल्स फ्री हैं, लेकिन commercial use पर लाइसेंस जरूर चेक करें

कॉपीराइट से कैसे बचें?

- हमेशा लाइसेंस चेक करें – "Free for commercial use" या "No attribution required" लिखा हो

- जहां जरूरत हो, क्रेडिट जरूर दें

- कभी भी Google से सीधा इमेज या म्यूजिक डाउनलोड न करें – यह जोखिम भरा हो सकता है

निष्कर्ष:

अगर आप फ्री रिसोर्सेस का सही तरीके से और सही प्लेटफॉर्म से इस्तेमाल करते हैं, तो बिना किसी कॉपीराइट के खतरे के आप एक प्रोफेशनल और हाई-क्वालिटी वीडियो और थंबनेल बना सकते हैं। ज़रूरी नहीं कि महंगे टूल्स ही आपको सक्सेस दिलाएं – जरूरी है कि आप सही जानकारी और सही रणनीति से काम करें।

अध्याय 29

0 से 1 मिलियन सब्सक्राइबर तक का सफर - कितना समय, कितनी मेहनत और कितनी सच्चाई?

अगर आप इस किताब को अब तक ध्यान से पढ़ते आ रहे हैं, तो आप यूट्यूब के कई तकनीकी और क्रिएटिव पहलुओं को समझ चुके होंगे। लेकिन अब सवाल यह है कि जो भी ये सब सीखा है, उसे इस्तेमाल करके **आप कितनी जल्दी 1 मिलियन सब्सक्राइबर तक पहुँच सकते हैं?** और क्या यह वाकई संभव है?

सिर्फ यह जान लेना कि कैसे वीडियो बनाएँ, थंबनेल डिज़ाइन करें, या टाइटल लिखें – यूट्यूब पर सफल होने के लिए काफ़ी नहीं है। आपको यह भी जानना होगा कि आपको **कितनी मेहनत करनी होगी**, क्या-क्या **दिक्कतें आ सकती हैं**, और **कितना वक्त लग सकता है** इस मुकाम तक पहुँचने में।

कैसा होता है 0 से 1 मिलियन सब्सक्राइबर तक का असली सफर?

1 मिलियन सब्सक्राइबर तक पहुँचना कोई जादू नहीं है, ये मेहनत, समझदारी और धैर्य से ही मुमकिन होता है। कोई एक साल में पहुँच जाता है, कोई पाँच साल में, और कुछ लोग कभी नहीं पहुँच पाते।

क्यों?

क्योंकि यूट्यूब एक भीड़भाड़ भरा प्लेटफॉर्म है। यहाँ सिर्फ "अच्छा कंटेंट" ही नहीं चलता, बल्कि "सही समय", "सही टारगेट ऑडियंस" और "स्मार्ट स्ट्रेटजी" भी उतने ही ज़रूरी हैं।

0 से 1K (हज़ार) सब्सक्राइबर तक का सफर

यह सबसे कठिन होता है, क्योंकि यहीं से आपकी शुरुआत होती है। यहाँ पर आपको ऑडियंस से ट्रस्ट बनाना होता है।

- शुरू के 100 सब्सक्राइबर अपने दोस्तों, परिवार या सोशल मीडिया नेटवर्क से आएंगे।
- उसके बाद 100 से 1000 सब्सक्राइबर तक पहुँचने के लिए आपको consistency, सही टॉपिक्स और अच्छे थंबनेल की ज़रूरत होगी।

समय: अगर आप रेगुलर वीडियो बनाते हैं और अच्छी रिसर्च के साथ कंटेंट बनाते हैं तो 1-3 महीने में 1000 सब्सक्राइबर तक पहुँच सकते हैं।

1K से 100K (1 लाख) तक

यहाँ से यूट्यूब आपको थोड़ी सी मदद करना शुरू करता है। अगर आपकी वॉच टाइम, CTR और ऑडियंस रिटेंशन अच्छा है तो यूट्यूब आपके वीडियो को सजेस्ट करने लगता है।

दिक्कतें:

- यहां पर बहुत लोग consistency खो बैठते हैं।
- कंटेंट में दोहराव या क्वालिटी गिरना शुरू हो जाती है।
- लोग analytics का सही उपयोग नहीं करते।

समय: सही स्ट्रेटजी के साथ 6 से 12 महीने में 1 लाख तक पहुँच सकते हैं।

100K से 1 मिलियन तक

इस मुकाम पर पहुँचने के बाद आपको "ब्रांड" की तरह सोचना शुरू करना पड़ता है। यहाँ पर अब सिर्फ वीडियो बनाना नहीं बल्कि अपना "इम्पैक्ट" बढ़ाना होता है।

- लोग आपको पहचानने लगते हैं।
- ब्रांड डील्स, स्पॉन्सरशिप, मीडिया कवरेज आने लगती है।
- एक गलती भी बहुत बड़ा नुकसान कर सकती है।

समय: लगातार मेहनत और रणनीति से 1 से 2 साल में 1 मिलियन तक पहुँच सकते हैं।

सबसे बड़ी चुनौतियाँ

1. **हार मानने का मन करना:** जब व्यूज न आएं, तो लगेगा कि छोड़ दें।
2. **परिवार और आसपास के लोगों की बातें:** "कब तक वीडियो बनाते रहोगे?" – ये सवाल आपको तोड़ सकते हैं।
3. **फाइनेंशियल प्रेशर:** जब पैसा नहीं आएगा, तो लगेगा नौकरी कर लेते हैं।
4. **आत्म-संदेह:** "क्या मैं वाकई में यूट्यूबर बन सकता हूँ?"

0 से 1 मिलियन जल्दी कैसे पहुँचे? (स्ट्रेटजी)

- एक Niche चुनें और उसी पर लगातार कंटेंट बनाएं
- Video SEO और सही थंबनेल पर काम करें
- Shorts और Long दोनों फॉर्मेट का इस्तेमाल करें
- हर वीडियो में Call to Action दें
- Community tab, Polls, और YouTube Live का इस्तेमाल करें
- पर्सनल ब्रांड बनाइए, सिर्फ वीडियो अपलोड न करें
- सीखते रहें और अनलर्न भी करते रहें

कौन-कौन जल्दी पहुँच सकता है?

- जो ट्रेंडिंग टॉपिक्स पर काम करें
- जो कंटेंट क्रिएशन और एडिटिंग में पहले से स्किल्ड हैं

- जिनके पास एक टीम है या वह खुद multi-talented हैं

- जो रोज़ वीडियो डाल सकते हैं – बिना थके

किसे ज्यादा समय लग सकता है?

- जो अन-क्लियर Niche पर काम कर रहे हैं

- जो consistency नहीं रख पा रहे हैं

- जो Audience के pain-points को नहीं समझ पा रहे हैं

- जिनका editing या storytelling कमज़ोर है

किनकी कभी ग्रोथ नहीं हो सकती?

- जो कॉपी-पेस्ट कंटेंट बना रहे हैं

- जो फेक या misleading जानकारी देते हैं

- जो सिर्फ पैसे के लिए वीडियो बना रहे हैं

- जो ऑडियंस की रिस्पेक्ट नहीं करते

निष्कर्ष: क्या 0 से 1 मिलियन संभव है?

हाँ, बिलकुल संभव है।

लेकिन इसके लिए आपको:

- लगातार सीखते रहना होगा

- खुद पर विश्वास बनाए रखना होगा

- और हर दिन एक छोटा स्टेप आगे बढ़ाते रहना होगा

आपका सफर मुश्किल होगा, लेकिन नामुमकिन नहीं।

आपका लक्ष्य 1 मिलियन नहीं होना चाहिए – आपका लक्ष्य होना चाहिए "एक ऐसा चैनल जो लाखों लोगों की ज़िंदगी बदल सके।"

अध्याय 30

यूट्यूब पर सफल होने के लिए किन बातों को कभी नहीं भूलना चाहिए - सफलता की असली कुंजी

जब शुरुआत करें, तब सिर्फ एक बात दिमाग में रखें - "यह आसान नहीं है, लेकिन नामुमकिन भी नहीं है।"

बहुत से लोग यूट्यूब शुरू तो कर देते हैं, मगर कुछ महीनों में ही निराश होकर छोड़ देते हैं। क्यों? क्योंकि उन्हें लगता है कि सब्सक्राइबर नहीं बढ़ रहे, व्यूज़ नहीं आ रहे, पैसे नहीं बन रहे, तो इससे अच्छा है कुछ और किया जाए। लेकिन जो लोग सच में सफल होते हैं, वो वही होते हैं जो इन सभी मुश्किलों से लड़कर, डटे रहते हैं, सीखते हैं, अपने काम में बदलाव लाते रहते हैं, सुधार लाते रहते हैं।

तो आइए समझते हैं कि यूट्यूब पर **लॉन्ग टाइम तक टिके रहने के लिए**, **कम समय में ग्रो करने के लिए**, और एक **सक्सेसफुल यूट्यूबर** बनने के लिए किन-किन बातों का हमेशा ध्यान रखना चाहिए।

1. Content is King - हमेशा रहेगा

आपका कंटेंट ही आपके चैनल की असली पहचान होता है। चाहे टाइटल अच्छा हो, थंबनेल शानदार हो, लेकिन अगर कंटेंट बेकार है तो व्यूअर दोबारा नहीं लौटेगा।

ध्यान रखें:

- कंटेंट क्वालिटी में कभी समझौता मत करें
- ऐसा वीडियो बनाएं जिसे देखने के बाद ऑडियंस कुछ न कुछ ले जाए
- शॉर्ट हो या लॉन्ग, कंटेंट का मतलब होना चाहिए

2.   Consistent रहना सबसे बड़ी चाबी है

अगर आप हफ्ते में 2 वीडियो डालते हैं, तो उसी रूटीन को फॉलो कीजिए। 1 महीना वीडियो डालें और फिर 3 महीने गायब हो जाएं - ये तरीका नहीं चलता।

याद रखिए: यूट्यूब एल्गोरिदम उन्हें ज्यादा पसंद करता है जो लगातार कंटेंट अपलोड करते हैं।

3.   Trend फॉलो करें, लेकिन सोच-समझकर

हर ट्रेंड आपके लिए नहीं होता। अगर आप **टेक चैनल** चला रहे हैं, और अचानक वायरल डांस ट्रेंड पर वीडियो बनाने लगें तो वो आपकी ऑडियंस को उलझा सकता है।

ट्रेंड फॉलो करने से पहले सोचें:

- क्या ये ट्रेंड मेरी ऑडियंस को कोई वैल्यू या जानकारी देगा?
- क्या इससे मेरी ब्रांड इमेज मजबूत होगी या उलझेगी?

4.   Brand Image बनाए रखें - खुद को एक पहचान दीजिए

आपका चैनल सिर्फ एक वीडियो की वजह से नहीं, बल्कि आपकी एक यूनिक पहचान की वजह से याद रखा जाता है।

- आपके थंबनेल का एक स्टाइल हो
- आपका टोन, प्रेज़ेंटेशन और टाइटल का फॉर्मेट यूनिक हो
- लोग देखकर समझें - "हाँ! ये वीडियो उसी यूट्यूबर का है!"

5. कभी-कभी लगेगा छोड़ दूं - लेकिन यहीं आपकी असली परीक्षा होती है

बहुत बार ऐसा समय आएगा जब व्यूज नहीं आएंगे, सब्सक्राइबर घटेंगे, या नेगेटिव कमेंट्स आएंगे। उस समय अगर आप रुके, सीखने पर फोकस किया, और धीरे-धीरे सुधार लाएं - तो वही मोमेंट आपके करियर की सबसे बड़ी छलांग बन सकता है।

6. Feedback लीजिए, लेकिन पहचानिए कि क्या ज़रूरी है

हर कमेंट को दिल से मत लगाइए। कुछ लोग सिर्फ नेगेटिव बोलने आते हैं। लेकिन जहां सुधार की बात हो, वहां जरूर ध्यान दें।

7. इन बातों को कभी न भूलें - चाहे 1,000 सब्सक्राइबर हों या 1 करोड़

* आपके व्यूअर्स आपकी सबसे बड़ी ताकत हैं - उनका भरोसा बनाए रखें
* कभी झूठी या भ्रामक जानकारी न दें
* Copyright और Community Guidelines का हमेशा ध्यान रखें
* अपने पुराने वीडियो से सीखते रहें
* कभी complacent (लापरवाह) न हो जाएं

8. क्या हैं YouTube के Main Pillars?

* **Audience Retention** (दर्शक कितनी देर तक देख रहे हैं)
* **Click-Through Rate** (CTR - कितने लोग थंबनेल देखकर क्लिक कर रहे हैं)
* **Watch Time** (कुल देखने का समय)

- **Engagement (Like, Comment, Share)**
- **Consistency (लगातार वीडियो आना)**

अगर आप इन पांच पिलर्स पर फोकस करते हैं, तो आपका चैनल धीमे-धीमे ही सही, लेकिन जरूर ग्रो करेगा।

निष्कर्ष:

यूट्यूब पर सफल होना कोई जादू नहीं है। यह मेहनत, समझदारी, और धैर्य का परिणाम है। अगर आप हर वीडियो को एक मौका समझकर बनाते हैं - कुछ नया सीखते हैं, ऑडियंस को कुछ नया देते हैं - और अपनी पर्सनल ब्रांडिंग को मजबूत करते हैं, तो यकीन मानिए, सफलता बस कुछ कदम दूर होती है।

अपने सफर पर भरोसा रखिए, क्योंकि यूट्यूब उन लोगों को पसंद करता है जो खुद पर भरोसा रखते हैं।

अध्याय 31

ट्रोल, हेट और नकारात्मकता से कैसे निपटें? – सोशल मीडिया की एक सच्चाई

सोशल मीडिया का ग्लैमर जितना चमकदार दिखता है, उसकी हकीकत उतनी ही कड़वी और चुनौतीपूर्ण होती है। जैसे ही आप यूट्यूब या किसी भी सोशल मीडिया प्लेटफॉर्म पर अपना कंटेंट डालना शुरू करते हैं, आप एक पब्लिक फिगर बन जाते हैं। और इसी के साथ आप न केवल तारीफों बल्कि आलोचनाओं, ट्रोलिंग और नफरत भरे कमेंट्स के लिए भी खुले हो जाते हैं।

बहुत से लोग ये सोचकर आते हैं कि अगर वे अच्छा कंटेंट बनाएँगे, ईमानदारी से मेहनत करेंगे, तो उन्हें सिर्फ पॉजिटिव रेस्पॉन्स मिलेगा। मगर सच ये है कि आप कितनी भी मेहनत कर लें, कितनी भी अच्छी वीडियो बना लें, कुछ लोग ऐसे ज़रूर होंगे जो आपको नीचा दिखाने की कोशिश करेंगे – आपको गालियाँ देंगे, आपकी बेवजह आलोचना करेंगे, या फिर बिना किसी वजह के आपसे नफरत करेंगे।

सोशल मीडिया पर ट्रोल और हेट क्यों मिलते हैं?

1. **जलन और ईर्ष्या** - बहुत से लोग सिर्फ इसलिए ट्रोल करते हैं क्योंकि वे आपकी तरक्की से जलते हैं। उन्हें आपका आगे बढ़ना अच्छा नहीं लगता।

2. **खुद की भड़ास निकालना** - कुछ लोग अपनी निराशा या गुस्सा सोशल मीडिया पर दूसरों पर निकालते हैं।

3. **अनजान भीड़ की ताकत** - इंटरनेट पर पहचान छुपी होती है। इससे लोगों को बिना डरे कुछ भी कहने की छूट मिल जाती है।

क्या करें जब आपको ट्रोल किया जाए?

- **सच को पहचानिए** - अगर कोई आपको ट्रोल कर रहा है, तो सबसे पहले ठंडे दिमाग से सोचिए - क्या उसमें कुछ सच्चाई है? अगर हां, तो उसे सुधारिए।

- **अगर गलती है, तो स्वीकार करें** - अगर आपके कंटेंट में कोई सचमुच की गलती है, तो विनम्रता से माफ़ी मांगिए और उस गलती को सुधारिए। इससे आपकी ऑडियंस का भरोसा और बढ़ेगा।

- **बेमतलब की बातों को इग्नोर करें** - जिन लोगों की आलोचना सिर्फ नफरत फैलाने के लिए है, उन्हें इग्नोर कर देना ही सबसे बेहतर उपाय है। उन्हें रिप्लाई देना उन्हें और ताकत देना है।

- **ब्लॉक और रिपोर्ट करें** - अगर कोई व्यक्ति बार-बार ट्रोल कर रहा है, गाली दे रहा है या मानसिक तौर पर आपको परेशान कर रहा है, तो उसे रिपोर्ट और ब्लॉक कर दीजिए। YouTube और बाकी सोशल मीडिया प्लेटफॉर्म्स में ऐसे टूल्स होते हैं।

अपने ब्रांड की इमेज को कैसे सुरक्षित रखें?

आप जो भी जवाब देंगे, जो भी बोलेंगे, वह आपके ब्रांड की छवि को दर्शाता है। इसलिए भावुक होकर या गुस्से में आकर कुछ भी जवाब न दें जो आपकी इमेज को नुकसान पहुँचा सके। आपको वही रहना है, जो आप अपनी ऑडियंस को दिखाना चाहते हैं – एक भरोसेमंद, सम्मान देने वाला और जिम्मेदार क्रिएटर।

हर बात का जवाब देना ज़रूरी नहीं होता

अगर आप हर नेगेटिव कमेंट का जवाब देंगे, तो आप ट्रोल्स की ही दुनिया में उलझ जाएंगे। याद रखिए - "जहां ध्यान जाता है, वहां ऊर्जा जाती है।" इसलिए अपनी ऊर्जा उन लोगों पर लगाइए जो आपको सच में पसंद करते हैं, जो आपकी ऑडियंस हैं, जो आपकी सफलता की कामना करते हैं।

क्या आलोचना हमेशा गलत होती है?

नहीं। अगर कोई सही ढंग से आपकी वीडियो में कुछ सुधार का सुझाव दे रहा है, तो वह आलोचना नहीं है – वह फीडबैक है। अच्छे से सुनिए, समझिए और अगर वाकई में कुछ सुधार की गुंजाइश है, तो लीजिए। इससे आप बेहतर बनेंगे।

अपना मानसिक संतुलन बनाए रखें

- ट्रोल्स के चक्कर में पड़कर अपने मेंटल हेल्थ को बर्बाद मत करिए।
- जरूरत हो तो सोशल मीडिया से कुछ दिन का ब्रेक लीजिए।
- परिवार और दोस्तों से बात करिए।
- याद रखिए - आपकी जिंदगी सिर्फ यूट्यूब या सोशल मीडिया नहीं है।

एक बात हमेशा याद रखिए

जैसे-जैसे आप ग्रो करेंगे, वैसे-वैसे ट्रोलिंग भी बढ़ेगी। बड़े-बड़े यूट्यूबर्स को भी ये सब झेलना पड़ता है। लेकिन फर्क ये है कि वो लोग उससे डरते नहीं हैं, रुकते नहीं हैं। वो सीखते हैं, आगे बढ़ते हैं, और हर दिन अपने आप को और बेहतर बनाते हैं।

निष्कर्ष:

सोशल मीडिया की दुनिया जितनी खूबसूरत है, उतनी ही कठोर भी है। नफरत, आलोचना और ट्रोलिंग इसका हिस्सा हैं। लेकिन अगर आप सच्चाई से काम कर रहे हैं, अपनी गलतियों से सीखते हैं, और बिना किसी को नुकसान पहुँचाए ईमानदारी से आगे बढ़ रहे हैं – तो आपको कोई नहीं रोक सकता।

यही वो मानसिकता है जो एक क्रिएटर को *सफल यूट्यूबर* बनाती है।

अध्याय 32

बदलते एल्गोरिदम, बदलती दुनिया - खुद को कैसे ढालें और टिके रहें?

सोशल मीडिया की दुनिया जितनी रोमांचक और तेज़ है, उतनी ही बदलती भी है। यहाँ हर दिन कुछ नया होता है – कभी एल्गोरिदम बदलता है, कभी अपडेट्स आते हैं, कभी नया ट्रेंड उभरता है, और कभी किसी कंटेंट क्रिएटर का अकाउंट ही डिलीट हो जाता है। ऐसे में अगर आप वाकई लंबे समय तक टिके रहना चाहते हैं, तो आपको एक बात हमेशा याद रखनी होगी:

"यह प्लेटफ़ॉर्म आपका है, लेकिन यह आपके हिसाब से नहीं चलता।"

1. एल्गोरिदम बदलना एक सामान्य बात है – इसे अपनाइए, डरिए मत

YouTube और दूसरे सोशल मीडिया प्लेटफ़ॉर्म समय-समय पर अपना एल्गोरिदम अपडेट करते हैं। इसका मकसद होता है यूज़र एक्सपीरियंस को बेहतर बनाना। कभी लॉन्ग फॉर्म कंटेंट को बढ़ावा मिलता है, तो कभी शॉर्ट्स को। कभी थंबनेल और टाइटल की अहमियत बढ़ जाती है, तो कभी watch time और audience retention को प्राथमिकता दी जाती है।

अगर आप इन बदलावों को नज़रअंदाज़ करते हैं, तो धीरे-धीरे आपकी reach कम होने लगती है, व्यूज़ गिरने लगते हैं और चैनल ग्रो करना बंद कर देता है। इसलिए:

- यूट्यूब के ऑफिशियल ब्लॉग्स और Help सेक्शन को पढ़ते रहिए।
- YouTube Creators चैनल को सब्सक्राइब कर लीजिए।

- जिन चैनलों पर ट्रेंड और अपडेट्स की जानकारी दी जाती है, उन्हें फॉलो कीजिए।

बदलाव से डरिए मत, उसे समझिए और अपनाइए।

2. एक ही इनकम स्रोत पर निर्भर रहना खतरनाक हो सकता है

सोशल मीडिया की एक और सच्चाई है – यहाँ *इंकम कभी स्थिर नहीं होती।* आज आपकी एक वीडियो वायरल हो गई और लाखों कमा लिए, लेकिन अगले महीने हो सकता है आपकी वीडियोस की परफॉर्मेंस गिर जाए।

कभी-कभी आप बीमार पड़ सकते हैं, या कोई निजी समस्या आ सकती है, जिससे आप कुछ हफ्ते वीडियो अपलोड न कर पाएं। उस समय आपकी आमदनी लगभग रुक जाएगी।

इसलिए जरूरी है कि आप multiple income sources बनाएं:

- YouTube ads के साथ-साथ Affiliate Marketing करें
- अपनी eBook या Online Course बेचें
- Sponsorships और Brand Deals लें
- Freelance Projects या Consultancy करें
- दूसरे प्लेटफॉर्म्स (Instagram, Facebook, Podcast, Website) पर भी एक्टिव रहें

"Don't put all your eggs in one basket" – यह कहावत यहां सौ प्रतिशत लागू होती है।

3. प्राइवेसी की सुरक्षा बेहद जरूरी है

जब आप वीडियो बनाते हैं, तो जाने-अनजाने में कई बार आपकी पर्सनल इंफॉर्मेशन भी दिख जाती है – जैसे:

- फोन नंबर

- ईमेल आईडी

- घर का पता

- गाड़ी का नंबर

इससे आपको कई तरह की दिक्कतें हो सकती हैं:

- साइबर फ्रॉड

- ट्रोलिंग और ब्लैकमेलिंग

- आपके घर तक लोग पहुंच सकते हैं

बचने के लिए क्या करें?

- अपने वीडियो एडिट करते समय हर फ्रेम ध्यान से देखें

- Screen blur करने के लिए blur tools का इस्तेमाल करें

- Contact info के लिए एक अलग Gmail और वर्चुअल नंबर रखें

- Comments और DMs को लिमिट या ऑफ कर दें

4. ट्रेंड्स और बदलावों को समझना जरूरी है

सिर्फ आज के लिए नहीं, बल्कि *लॉन्ग-टर्म ब्रांड* बनाने के लिए आपको लोगों की पसंद, ट्रेंड्स और एल्गोरिदम को समझना और अपनाना होगा।

- क्या लोग अब शॉर्ट्स देखना पसंद कर रहे हैं?

- क्या अब लोग educational से ज्यादा infotainment कंटेंट चाहते हैं?

- क्या अब थंबनेल में चेहरा ज़रूरी हो गया है?

इन सारे सवालों का जवाब आपको YouTube Studio और audience behavior देखकर मिल सकता है।

सीखना बंद नहीं करना है – क्योंकि सोशल मीडिया कभी नहीं रुकता।

5. हमेशा एक प्लेटफ़ॉर्म पर डिपेंडेंट न रहें

अगर आप सिर्फ YouTube पर ही डिपेंडेंट हैं, और कल को YouTube ने आपकी वीडियोस demonetize कर दीं, या आपका अकाउंट ही disable कर दिया, तो?

इसलिए जरूरी है:

* Instagram, Facebook, OpenStori, और अपनी वेबसाइट पर भी presence बनाए रखें

* एक email list बनाएं – ताकि आपके followers हमेशा आपके साथ रहें

* खुद को एक "Brand" की तरह बनाएं, सिर्फ एक YouTube चैनल नहीं

6. अगर इन बातों को नजरअंदाज़ करेंगे तो?

* आपकी कमाई कभी भी रुक सकती है
* अकाउंट डिलीट हो सकता है, और कोई बैकअप नहीं होगा
* आपको algorithm समझ में नहीं आएगा, growth रुक जाएगी
* आपकी पर्सनल जानकारी लीक हो सकती है
* आप mentally परेशान हो सकते हैं, और कई बार quit करने की नौबत आ सकती है

निष्कर्ष

अगर आप सच में यूट्यूब या सोशल मीडिया को करियर बनाना चाहते हैं, और उससे लॉन्ग-टर्म में पैसा कमाना चाहते हैं, तो खुद को लगातार बदलते रहना होगा। एल्गोरिदम, ट्रेंड, टेक्नोलॉजी और लोगों की पसंद – इन सभी चीजों के साथ खुद को अपडेट करते रहिए।

और सबसे जरूरी – **कभी एक ही चीज पर निर्भर मत रहिए।**

आपका असली सिक्योरिटी प्लान है – आपका माइंडसेट, आपकी स्किल्स और आपका एडाप्ट करने का नजरिया।

अध्याय 33

यूट्यूब और सोशल मीडिया से एक मजबूत बिजनेस एम्पायर खड़ा करने की सोच - पूरी पारदर्शिता और रणनीति के साथ

आज का युग सिर्फ कंटेंट बनाने और अपलोड करने का नहीं है।

आज का युग है – कंटेंट के जरिए बिजनेस बिल्ड करने का।

अगर आप यूट्यूब, इंस्टाग्राम या किसी भी सोशल मीडिया प्लेटफॉर्म पर काम कर रहे हैं और इससे पैसे कमा रहे हैं,

तो आपको इसे एक साधारण आय का साधन नहीं,

बल्कि **एक बिजनेस एम्पायर बनाने के अवसर** के रूप में देखना चाहिए।

जो लोग इस माइंडसेट को जल्दी समझ लेते हैं, वही लोग आने वाले समय में करोड़ों का बिजनेस बनाते हैं।

1. सोशल मीडिया को एक बिजनेस प्लेटफॉर्म के रूप में क्यों देखें?

1.1 कमाई की अनिश्चितता:

सोशल मीडिया प्लेटफॉर्म्स पर कमाई स्थायी नहीं होती।

एल्गोरिदम बदल सकते हैं, प्लेटफॉर्म की नीतियाँ बदल सकती हैं, मोनेटाइजेशन नियम बदल सकते हैं।

अगर आपने एक ही स्रोत पर निर्भर रहकर अपनी आय बनाई है, तो एक बदलाव आपकी पूरी कमाई खत्म कर सकता है।

1.2 बिजनेस माइंडसेट न केवल आपको आर्थिक सुरक्षा देता है, बल्कि आपके ब्रांड और भविष्य के विस्तार की नींव भी तैयार करता है:

जब आप बिजनेस माइंडसेट से सोचते हैं:

- आप कई इनकम स्रोत बनाते हैं।

- आप अपना ब्रांड बनाते हैं।

- आप भविष्य में खुद को आत्मनिर्भर बनाते हैं और किसी एक प्लेटफॉर्म पर निर्भर रहने का जोखिम नहीं उठाते।

1.3 सिर्फ कमाई नहीं, ब्रांड बनाइए:

अगर आप सिर्फ पैसे कमा रहे हैं, तो वह खत्म हो सकता है।

लेकिन अगर आप ब्रांड बना रहे हैं, तो वह **विरासत (Legacy)** बनती है – जो आपको और आपके परिवार को लंबे समय तक फायदा देती है।

2. अपने यूट्यूब चैनल और सोशल मीडिया को कैसे एक बिजनेस के रूप में विकसित करें?

2.1 कमाई को केवल खर्च करने का साधन नहीं, बल्कि भविष्य के निवेश की पूंजी मानिए।

- अपनी कमाई का इस्तेमाल निम्न कार्यों के लिए करें:

- वीडियो क्वालिटी सुधारने के लिए प्रोफेशनल गियर खरीदिए।

- वीडियो एडिटिंग, थंबनेल डिजाइन, रिसर्च, मार्केटिंग के लिए टीम बनाईए।

- अपनी खुद की वेबसाइट, एप्लिकेशन और डिजिटल प्रॉपर्टी डेवलप करिए।

- अपने ब्रांड के प्रमोशन के लिए मार्केटिंग में पैसे लगाइए।

याद रखिए:

जो पैसा आ रहा है, वो आपका "बीज धन" (Seed Money) है।

इसे अगले बड़े लेवल पर जाने के लिए **लगाइए**, ना कि बेवजह खर्च करिए।

2.2 अलग-अलग इनकम स्रोत तैयार करिए (Multiple Income Streams)

एक असली बिजनेसमैन कभी एक ही इनकम स्ट्रीम पर निर्भर नहीं होता।

आपके लिए भी जरूरी है कि आप कई इनकम स्रोत बनाएं:

टिप:

हर नया इनकम स्रोत आपके बिजनेस को **और मजबूत बनाता है** और भविष्य के किसी भी जोखिम से सुरक्षा देता है।

3. खुद का प्रोडक्ट, सर्विस, वेबसाइट या एप्लिकेशन लॉन्च करने से पहले क्या जरूरी है?

3.1 गहरी रिसर्च:

बिना रिसर्च के जोश में कोई भी प्रोडक्ट या सर्विस लॉन्च करना – **आत्मघाती कदम** है।

रिसर्च करते समय निम्न बातों पर ध्यान दें:

* **डिमांड एनालिसिस:**

  क्या मार्केट में इस प्रोडक्ट या सर्विस की मांग है? क्या लोग इसके लिए पैसे खर्च करने को तैयार हैं?

* **मार्केट साइज:**

  क्या यह एक छोटा क्षेत्र है या इसमें आने वाले 5-10 सालों में बड़ी ग्रोथ हो सकती है?

- **कस्टमर बिहेवियर:**

  ग्राहक किन कारणों से खरीदते हैं? कौन-से इमोशनल पॉइंट्स उनकी खरीदारी को प्रभावित करते हैं?

- **प्रतिस्पर्धा विश्लेषण:**

  क्या पहले से इस फील्ड में बड़े खिलाड़ी हैं? आप उनसे अलग क्या कर सकते हैं?

- **फाइनेंशियल प्लानिंग:**

  कितनी लागत लगेगी? कितने समय में इन्वेस्टमेंट वापस आएगा? क्या आपके पास उस समय तक टिकने के लिए फंड हैं?

- **रिस्क एनालिसिस:**

  अगर प्लान फेल हो जाए तो आपका अगला कदम क्या होगा?

4. बिना रिसर्च के अगर कोई कदम उठाया तो क्या दिक्कतें आ सकती हैं?

- पैसा डूब सकता है।
- समय और मेहनत बर्बाद हो सकती है।
- ब्रांड इमेज खराब हो सकती है।
- आत्मविश्वास टूट सकता है।
- आगे बढ़ने का जोश खत्म हो सकता है।
- भविष्य में नए निवेशकों या पार्टनरों का विश्वास खो सकता है।

इसलिए:

हर कदम से पहले ठंडे दिमाग से सोचिए, रिसर्च करिए, और तभी निर्णय लीजिए।

5. कैसे सोचें – बिजनेस माइंडसेट डेवलप करने के लिए कुछ खास बातें

- छोटे फायदे के बजाय दीर्घकालिक सफलता पर ध्यान दें।

- फॉलोअर्स की संख्या नहीं, ब्रांड की गहराई बनाइए।

- हर आय को नए इनकम स्रोत बनाने के मौके की तरह देखें।

- अपने कंटेंट को भी एक प्रोडक्ट की तरह मैनेज करें।

- हर साल, हर महीने खुद का ऑडिट करें – "मैं कितना ग्रो कर रहा हूँ?"

निष्कर्ष:

- सोशल मीडिया पर काम कर रहे हैं? यूट्यूब पर वीडियो बना रहे हैं?

- **तो खुद को सिर्फ एक क्रिएटर मत मानिए। खुद को एक बिजनेसमैन समझिए।**

- आपकी कमाई सिर्फ खर्च करने के लिए नहीं है,

- **आपके भविष्य का एम्पायर खड़ा करने के लिए है।**

- रिसर्च, प्लानिंग, इन्वेस्टमेंट और विजन के साथ काम करिए।

- तभी आप 5 साल या 10 साल बाद खुद को एक छोटे प्लेटफॉर्म क्रिएटर नहीं,

- एक बड़ा ब्रांड, एक सफल बिजनेसमैन और एक लीडर के रूप में देखेंगे।

OpenStori – एक नया मौका, एक नया मंच, एक नया भविष्य

मैं आपको एक बेहद खास बात बताना चाहता हूँ –

जिसे जानकर शायद आपके अंदर भी एक **नई उम्मीद** और **नई ऊर्जा** भर जाएगी।

हमने यूट्यूब की तरह ही एक नया सोशल मीडिया प्लेटफॉर्म बनाया है –

जिसका नाम है **OpenStori**।

अब आप सोच रहे होंगे, आखिर इसमें क्या खास है?

तो चलिए, आपको पूरे प्यार और विस्तार से समझाता हूँ:

OpenStori क्या है?

OpenStori एक ऐसा प्लेटफॉर्म है जहाँ आप बिल्कुल यूट्यूब की तरह:

- वीडियो अपलोड कर सकते हैं,
- अपना खुद का ब्रांड बना सकते हैं,
- और वीडियो से पैसे कमा सकते हैं।

यहाँ भी वो सारे फंक्शन हैं जो यूट्यूब पर होते हैं:

- **लाइक करना, शेयर करना, कमेंट करना, सब्सक्राइब करना** – सब कुछ!
- वीडियो प्लेलिस्ट बनाना, चैनल कस्टमाइज़ करना – हर वह चीज जो आप यूट्यूब पर कर सकते हैं।

यानि जो अनुभव आपको यूट्यूब पर मिलता है, वही सारी सुविधाएँ आपको OpenStori पर भी मिलती हैं।

OpenStori से पैसे कैसे कमाए जा सकते हैं?

यहाँ भी एक **Monetization System** है,

जैसे यूट्यूब में होता है।

- आप वीडियो अपलोड करते हैं,
- व्यूज आते हैं,
- लोग आपके कंटेंट से जुड़ते हैं,
- और फिर आपकी कमाई शुरू होती है।

सीधा, सरल और पारदर्शी सिस्टम है –

जैसे यूट्यूब पर है, वैसे ही OpenStori पर भी है।

OpenStori पर वीडियो कैसे अपलोड करें – और वो भी मिनटों में!

अब सबसे दिलचस्प बात ये है कि –

अगर आपके पास पहले से ही यूट्यूब पर वीडियो अपलोड है,

तो आपको नए सिरे से वीडियो अपलोड करने की मेहनत भी नहीं करनी पड़ेगी!

सिर्फ 1 मिनट में आप यूट्यूब का वीडियो OpenStori पर भी डाल सकते हैं।

कैसे? चलिए स्टेप बाय स्टेप समझते हैं:

1. सबसे पहले यूट्यूब पर जाइए और अपने उस वीडियो का **Link** (URL) कॉपी कर लीजिए।

2. फिर OpenStori App या <u>OpenStori.com</u> वेबसाइट पर लॉगिन करिए।

3. वहां आपको एक "+" (प्लस) आइकन दिखेगा, उस पर क्लिक करिए।

4. अब **"Import a Video"** बटन पर क्लिक करिए।

5. जो यूट्यूब वीडियो लिंक आपने कॉपी किया था, उसे **Video URL** सेक्शन में पेस्ट कर दीजिए।

6. फिर **"Fetch Video"** बटन दबाइए।

बस!

OpenStori खुद-ब-खुद आपके:

- वीडियो का Title,
- Description,
- Tags,
- और Thumbnail

ऑटोमैटिकली यूट्यूब से उठा लेगा।

आपको कुछ भी अलग से टाइप या एडिट करने की जरूरत नहीं है।

एक क्लिक में आपका वीडियो OpenStori पर भी लाइव हो जाएगा!

चाहे वह **Long Video** हो या **Short Video**, दोनों आसानी से इम्पोर्ट हो सकते हैं।

यूट्यूब और OpenStori – दोनों पर एक साथ काम करिए!

अब सोचिए –

आपने एक ही वीडियो बनाया,

और उसे दो जगह – यूट्यूब और OpenStori – दोनों पर डाल दिया।

मतलब:

- दो अलग-अलग प्लेटफॉर्म्स से व्यूज़,

- दो अलग-अलग जगहों से कमाई,
- और दो जगहों पर अपना ब्रांड बनाना शुरू!

यही स्मार्टनेस है –

एक ही मेहनत, कई जगह से रिजल्ट।

और यही एक सच्चा डिजिटल बिजनेसमैन माइंडसेट होता है!

हर सोशल मीडिया प्लेटफॉर्म का उपयोग करिए – और हर जगह से पैसे कमाइए

यही नहीं,

- इंस्टाग्राम,
- फेसबुक,
- ट्विटर,
- OpenStori,
- और यूट्यूब –

हर जगह अपना कंटेंट डालिए,

हर जगह से व्यूज पाइए,

हर जगह से कमाई करिए।

आज के दौर में **Content Multiplication Strategy** वही अपनाता है जो असली सक्सेस पाना चाहता है।

OpenStori – एक मौका है, एक शुरुआत है

OpenStori अभी नया है।

इसलिए यहाँ:

- भीड़ कम है,

- मौके ज्यादा हैं,

- और जल्दी आगे बढ़ने का चांस सबसे ज्यादा है।

अगर आप आज OpenStori पर अपना ब्रांड बनाते हैं,

तो कुछ सालों बाद लोग आपको एक **लिजेंड** की तरह याद करेंगे –

यही है सही समय, सही मौका।

एक खास बात:

जो भी स्ट्रेटेजी, टेक्निक, और फंडामेंटल्स आपने इस किताब के 33 अध्यायों में यूट्यूब के लिए सीखे हैं –

वे सभी नियम और तरीके OpenStori पर भी 100% लागू होते हैं।

- रिसर्च,

- कंटेंट क्वालिटी,

- कंसिस्टेंसी,

- ब्रांडिंग,

- कम्युनिटी बिल्डिंग –

जो कुछ भी आपने यहाँ सीखा है,

बस उसे OpenStori पर भी पूरी मेहनत से अप्लाई करिए।

आपकी सफलता तय है।

निष्कर्ष

अब आपके पास दो रास्ते हैं:

1. बस एक प्लेटफॉर्म (जैसे यूट्यूब) पर निर्भर रहिए,

   या

2. OpenStori जैसे नए प्लेटफॉर्म को अपनाकर

3. अपना खुद का एक डिजिटल बिजनेस एम्पायर बनाइए।

आपने जो भी इस किताब में सीखा है –

बस उसे OpenStori पर भी उसी तरह से लागू करिए,

और फिर देखिए कि कैसे आपका नाम, आपकी पहचान, और आपकी कमाई –

हर दिन बढ़ती चली जाती है!

तो देर किस बात की?

- आज ही **OpenStori App** डाउनलोड करिए,

- या <u>OpenStori.com</u> पर जाइए,

- और अपने नए डिजिटल सफर की शुरुआत करिए!

आपका भविष्य आपका इंतजार कर रहा है।

www.ingramcontent.com/pod-product-compliance
Lightning Source LLC
Chambersburg PA
CBHW030431160726
47991CB00005B/1681